KB137806

여성, 전적으로
권력에 관한

여성, 전적으로 권력에 관한

메리 비어드 지음

오수원 옮김

글항아리

일러두기

- 원서에서 이탤릭체로 강조한 곳은 고딕으로 표기했다.
- 본문에서 첨자로 부연 설명한 것은 옮긴이 주다.

헬렌 모레일스에게

옮긴이의 글

여성 권력자인가 여성적 권력인가

이 책의 저자 메리 비어드는 국내에서 『로마는 왜 위대해졌는가』와 『폼페이, 사라진 로마 도시의 화려한 일상』 등의 번역서를 통해 저명한 여성 고전학자 정도로 알려져 있지만, 영국 내에서는 '지적인 것은 쿨하다'라는 새로운 명제의 주인공이 될 만큼 인기 있는 문화의 아이콘이자 여성들의 롤모델로 자주 등장하는 유명 인사다. 비어드는 케임브리지 대학에서 고대 로마 문헌을 연구하는 교수이지만, 여느 고전학자들과 달리 TV 매체를 종횡무진하면서 고전에 대한 엄정한 분석뿐 아니라 현대의 여러 사안과 고전의 연관성에 대한 유연한 해석을 통해 대중이 다양한 쟁점에 관하여 새로운 인식을 하게 만드는 데 커다란 영향을 미치는 것으로 유명하며, 여기에 더해 페미니즘 내에서 논란의 중심에 선 인물이기도 하다.

비어드는 고전 해석에 있어서 독보적 견해를 제시하는 학자로 알려져 있다. 어느 고전학자의 평가에 따르면, 비어드는 원전을 대할 때 그것이 전하는 사건의 진실보다는 원저자의 관점과 맥락에 초점을 맞춰야 한다는 입장을 견지한다. 고전학자가 살펴봐야 하는 것은 고전이 전하는 사건이 아니라, 이 사건을 전하는 저자의 견해와 신념이야 한다. 다시 말해서 창문 밖 진실이 아니라 창문 그 자체여야 한다는 문화인류학적 관점이 고전학자의 지향점이다. 비어드에게 있어 고전학자가 된다는 것은, 다시 말해서 서양 문화를 지배해왔기에 익숙하지만 또 완전히 낯선 문화를 연구한다는 것은, '민주주의' 같은 익숙한 개념을 평가하는 다른 기준을 갖는 것(그리스 문명이 낳았다는 민주주의에서 여성은 누락되었다는 점)이며, 이러한 다른 기준을 통해 오늘날을 사는 자신을 인류학자의 관점에서 거리를 두고 바라보는 것이다. 따라서 학자가 된다는 것은, 편안한 합의와 기존의 수용된 견해를 의심하는, 지적으로 불편한 존재가 되는 것이라고 비어드는 주장한다. 대중성을 추구해야 하는 선출직 정치가와 달리 진정한 학문적 자유는 '인기를 추구하지 않을' 권리를 온전히 행사하는 것이며, 이를 보호하는 것이 바로 학자됨의 기본 전제라는 것이다. 이러한 입장 때문일까. 비어드는 2001년 9.11에 대해 '미국의 이전 외교 정책과 테러의 연관성으로 볼 때, 9.11은 올 것이 온 것이다'라는 입장을 내놓았다가 여론의 뭇매를 맞았다. 그 후 비어드는 이를 비판하는 이메일에 일일이 답장을 보냈고, 이메일을 보낸 사람들 중 몇 명과는 친구가 되었다는 경험을 이야기했다.

발언할 수 있는 곳이라면 어디든 마다않고, 염색 안 한 긴 백발을 풀어헤친 채 자유분방한 히피 스타일의 옷차림으로 등장하는 이 인상 좋은 할머니(요즘처럼 '예순은 청춘이다'를 외치는 시대에 예순세 살 여성을 할머니라고 불러도 된다면)는, "TV에 등장하는 여성에게 어울리지 않는 외모와 차림새를 하고 있다"는 어느 남성 언론인의 독설에는 "여성이 발언할 때 그 내용보다 외모나 보는 이에게는 별로 할 말이 없다"며 가볍게 대꾸하고, "맨날 똑같은 옷만 입고 나온다"는 조롱에는 "뭐, 난 아침에 일어나 '새로운 날이 밝았네! 오늘을 무슨 옷을 입을까!'라고 말하는 부류가 아니니 어쩔 수 없지"라며 가뿐히 응수한다. 외모와 패션에 신경 써야 하는 피곤한 일상을 사는 여성들에게는 사이다 같은 한 방이지만, 그렇다고 비어드가 페미니즘의 대변자는 아니다. 오히려 그는 여러 쟁점에서 보여준 남다른 시각으로 인해 페미니즘 진영 내에서도 논란의 중심에 서 있다. 가령 오래된 강간 문화에 대한 비판이 지배하는 페미니즘 담론 한가운데서 그는 "20대에 연구차 이탈리아로 가는 기차 속에서 당한 강간으로 인한 트라우마는 그다지 없다. 당시 강간범의 무기는 나의 피곤함과 이국적 풍광이었다"라며, 강간이 과거의 사건과 그 이후의 내러티브 및 해석으로 이어지는 복잡한 문제라고 말함으로써 일부 페미니즘 진영의 집중 포화를 맞기도 했다. 그뿐만이 아니다. 그는 "미투 운동은 유명 할리우드 배우들의 문제를 넘어 보이지 않게 만연한 직장 내 여성의 문제로 확대되어야 한다"는 중요한 지점을 지적하면서도 다른 한편으로는 캐나다의 작가 마거릿 애트우드의 입장브리티시컬럼비아대의 문예창작과 교수 스티븐 갤러웨이가 성추행으로 해고당하는 과정에서 그의 성추행 조사 과정을 공개하라는 공개서한에 서명한 일로 페미니즘 진영의 비판을 받은 애트우드는, 미투 운동을 "제대로 작동하지 않는 법률 제도의 증상"으로 진단하면서 제도를 대체하는 현재의 비판 권력이 "자경단 정의"로 변질될 위험을 경고한 바 있고, 비어드는 이 견해에 동의를 표했다에 공감을 표하면서, "미투 운동에서 우려할 지점은 강간 문화가 체제로 고착되는 측면이다. 따라서 강간범과 성추행범에 대한 법적 제재도 중요하지만, 부도덕하되 불법은 아닌 짓을 저지르는 나쁜 남성들에 대한 적절한 절차 역시 따로 고민해야 한다. 나쁜 남자들의 부도덕함을 찬양하지 않으면서도 그의 말에 귀를 기울이는 것, 우디 앨런을 찬양하지 않으면서 그의 영화를 다루는 까다로운 문제를 회피하지 말아야 한다"는 발언으로 일부 페미니스트들의 비난을 받기도 했다.

공개 발언을 통한 비어드의 지치지 않는 공적 개입은, 바라보는 이들의 찬성 여부와는 상관없이 대안적 방식의 담론, 즉 사람들이 바라면서도 실행하지 못한 다른 담론을 제공하고 있고, 이러한 사실 덕분에 여러 논란에도 불구하고 비어드가 영국 내 문화의 아이콘으로 널리 사랑받고 있다고 어느 언론은 지적했다. 비어드의 논지는 진지하고 엄격하면서도 친근하고 유머러스한 방식을 따르기 때문에, 의견 대립이 급속히 비난과 폭력으로 변질되는 시기에 대화를 고수하는 방식이란 어떤 것인가를 보여준다는 것이다. 좌파 지식인으로 분류되어 브렉시트를 반대했던 비어드가 이를 찬성했던 극우 정당인 영국독립당을 후원해온 금융가 애런 뱅크스의 주장을 비판한 사건은 그 비근한 사례들 중 하나다. 당시 애런 뱅크스는 로마 멸망의 원인이 이민 때문이라고 했고, 비어드는 트위터상에서 그의 의견을 격렬히 비판했다. 그 후 두 사람은 만나 점심 식사를 함께 했고, 이 일은 언론의 단골 기삿거리가 되었다. 물론 이 대화 자리에서 두 사람이 의견의 합의를 본 것은 아니었다. 그러나 비어드는 '저렇게까지 해야 하나'라는 생각이 들 만큼 집요하고 철저하게 다른 의견을 제시하고 대화를 시도했다. 마치 폭언과 폭력이 난무하는 소위 민주주의 사회에서 지켜야 할 덕목이라는 듯이. 이러한 독보적인 행보 때문인지는 모르겠지만, 메건 비치라는 영국의 젊은 시인은 『나는 자라서 메리 비어드처럼 되고 싶다』라는 시 선집을 펴냈을 정도다.

　내가 좀 길다 싶게 비어드를 소개한 이유는 저자 자신이 '힘을 행사하는' 행보를 아는 것이 이 책에서 그가 제기하는 '공적 발언과 권력'의 문제를 이해하는 데 도움이 되기 때문이다. 내가 보기에 여성과 권력의 문제에서 비어드가 주장하는 핵심 쟁점은, 권좌에 오르는 여성의 숫자를 늘려서 여성의 권익을 증대시키자는 것이 아니다. 비어드는 육아, 동일임금, 가정폭력 등의 문제가 여성의 문제인가에 대해 의문을 제기한다. 이들 사안을 여성 문제와 등치시키는 순간 경제, 군사, 정치는 남성의 문제로 자동 등치되기 때문이다. 육아는 여성 문제가 아니라 인구 및 경제 문제이고, 동일임금은 여성 문제가 아니라 경제 및 고용 문제이며, 가정폭력은 여성 문제가 아니라 사회 범죄 문제다. 물론 이러한 문제들에서 피해를 보는 사람 대부분이 여성이라는 사실을 부인하는 것은 아니다. 그러나 이런 사안을 여성 문제로 묶어버린다면, 정작 인구의 절반을 차지하는 여성이라는 젠더 전체가 이 문제들뿐 아니라 사회 전반의 문제에 녹아들어 작동해야 한다는 점을 망각하게 만드는 기능을 수행함으로써 차별을 공고화하게 된다. 여성 문제라고 분류된 일부 쟁점에 여성의 발언권을 제공한 다음 나머지 문제에 대한 발언을 막는 것이야말로 여성의 발언을 사적인 것으로 회귀시키는 또 다른 권력의 작용이라는 것이, 비어드가 말하는 공적 발언과 권력의 핵심 쟁점이다. 요컨대 문제는 여성이 차지하는 권력이 아니라 여성적 권력, 권력의 여성화다. 중립적 의미에서의 공적 발언과 권력이란 존재하지 않는다. 공적 발언은 남성의 발언이었고, 권력은 남성의 권력, 즉 남성적 권력이었다. 권위라는 이름하에서 효과적으로 은폐되어온 공적 발언과 권력에 대한 남성의 지배 구조를 해체하는 것, 이것이 바로 권력의 구조를 새롭게 사유해야 한다는 비어드의 주장의 요지다.

차례

서문

서구 여성들은 자축해야 할 일이 많다. 잊지 말자. 내 어머니는 영국 여성들이 의회 선거 투표권을 얻어내기 전에 태어나셨다. 어머니는 여성이 수상이 되는 모습을 살아생전에 보셨다. 당시 수상은 마거릿 대처였다. 대처의 정치적 입장이야 어떻건 어머니는 여성이 다우닝가 10번지 수상 관저에 들어갔다는 사실만으로도 흡족해하셨고, 당신이 20세기의 혁명적 변화 중 하나와 연결되어 있다는 사실에 자부심을 느끼셨다. 어머니는 당신 어머니 세대 여성들과는 달리 직장과 결혼 및 육아를 병행할 수 있는 환경에서 사셨다(어머니의 윗세대였던 내 할머니에게 임신은 교사직을 포기해야 하는 것을 의미했다). 내 어머니는 웨스트미들랜즈잉글랜드 중서부의 주의 큰 초등학교에서 매우 유능한 교장으로 재직하셨다. 확신컨대 어머니는 성별을 막론하고 당신이 맡고 있던 학생 세대에게 권력power의 생생한 상징이었을 것이다.

하지만 어머니는 문제가 그리 간단치 않다는 점 또한 알고 계셨다. 여성과 남성 간의 진정한 평등은 아직 도래하지 않았다는 것, 그리고 자축할 일 못지않게 분노해야 할 이유들이 상존한다는 것 또한 절감하고 계셨다. 어머니는 당신이 대학에 갈 수 없었던 당시의 상황에 늘 회한이 많으셨다(그리고 당신에게 불가능했던 일을 내가 할 수 있었던 데 대해 크게 기뻐해주셨다). 어머니는 당신의 견해와 발언권이 바랐던 만큼 진지하게 수용되지 않아 자주 좌절을 느끼셨다. 1970년대에 등장했던 '유리천장'이라는 비유는 어머니께 낯설고 당혹스러운 개념이었을 수 있다. 그래도 어머니는 경력이 쌓여 직급이 높아질수록 그곳에서 여성을 찾아보기 어려워진다는 사실만은 분명히 인지하고 계셨다.

『런던 리뷰 오브 북스』의 후원으로 가능했던 2014년과 2017년 두 차례의 강연을 준비하고 실행하는 동안 내 마음속에는 늘 어머니가 함께 계셨다. 나는 방법을 찾고 싶었다. 나 자신이나 어머니뿐만 아니라 어머니와 비슷하지만 또 다른 좌절을 여전히 느끼고 있는 수백만 명의 여성에게, 이들을 침묵시키는 메커니즘, 여성을 진지하게 받아들이기를 거부하는 메커니즘, 그리고 여성들을 힘의 중심부에서 배제하는 메커니즘—배제의 메커니즘은 때로는 비유가 아니라 말 그대로 노골적으로 가동되고 있다—이 서구 문화 속에 얼마나 깊이 뿌리박혀 있는가를 설명할 방법이 필요했다. 내가 선택한 것은 고대 그리스인과 로마인의 세계다. 이 고대인의 세계가 우리 세계를 이해하는 데 실마리를 제공해줄 수 있는 통로라 여기기 때문이다. 여성에게 침묵을 강요한다는 측면에서 보자면 서구 문화는 수천 년에 이르는 장구한 실천의 역사를 자랑하고 있다.

여성의
공적 발언

나는 여성의 침묵을 설명하기 위한 출발점을 서구 문헌의 전통이 시작되는 초창기 시점으로 잡고 싶다. 남성이 여성에게 '입을 다물라'라고, 여자의 목소리는 공개적으로 들려서는 안 되는 것이라고 말했던 서구 문헌 최초의 기록이 그것이다. 약 3000년 전 호메로스가 쓴 『오디세이』의 시작 부분에 나오는 한 장면, 이 시에 실린 덕에 불멸로 남게 된 장면이다. 사람들은 대개 『오디세이』를 주인공 오디세우스가 트로이 전쟁 후 귀향하면서 겪는 모험과 곤경을 이야기하는 서사시라고 생각한다. 오디세우스가 고향으로 향하는 수십 년의 세월 동안 그의 아내 페넬로페는 정절을 지키며 남편을 기다린다. 페넬로페는 자신과 결혼하겠다고 압력을 가해오는 구혼자들을 물리친다. 그러나 『오디세이』는 오디세우스의 모험담일 뿐 아니라 오디세우스와 페넬로페의 아들 텔레마코스의 이야기이기도 하다는 점을 기억해야 한다. 『오디세이』는 시가 진행되는 과정에서 텔레마코스가 어떤 과정을 거쳐 소년에서 남자로 자라나는가를 보여주는 성장담이기도 하다. 텔레마코스의 성장 과정은 시의 제1권, 페넬로페가 사적 공간에서 궁전의 큰 홀로 내려와 어느 음유시인이 구혼자 무리에게 시를 낭송하는 것을 보는 시점에서 시작된다. 음유시인은 그리스 영웅들의 귀향이 얼마나 지난한 일인지 노래하는 중이다. 음유시인의 노래가 따분하다고 느낀 페넬로페는 사람들 앞에서 음유시인에게 더 재미있는 다른 시를 골라달라고 청한다. 페넬로페의 아들 텔레마코스가 끼어들어 발언하는 것은 바로 이 시점이다. '어머니, 어머니 방으로 다시 올라가세요. 가셔서 어머니의 직분인 베틀 짜기에 매진하시란 말입니다⋯⋯ 사람들 앞에서 말하는 것은 남자가 할 일입니다. 공적 발언은 남자들의 일, 그중에서도 제 일입니다. 이 집안의 권력은 제 것이니까요.' 결국 페넬로페는 자리에서 물러나 위층의 사적 공간으로 돌아간다.

머리에 피도 마르지 않은 풋내기 청년이 세상 물정에 밝은 중년 여인 페넬로페의 입을 다물게 하는 행동에는 터무니없는 면이 없지 않다. 하지만 이 장면은 서구 문명의 문헌 증거가 시작되는 출발점에서부터 여성들의 목소리가 공개적으로 들리지 않았음을 극명히 드러내는 훌륭한 사례다. 이 장면의 함의는 그뿐만이 아니다. 호메로스가 주장했던 대로, 남자로 성장하는 일의 필수 요소는

1. 기원전 5세기에 아테네에서 제작된 이 항아리에서 페넬로페는 베틀 옆에 앉아 있는 모습으로 그려져 있다(직물 짜기는 늘 유능한 그리스 주부의 표징으로 기능했다). 페넬로페 앞에 서 있는 인물이 텔레마코스다.

공적 발언을 통제하는 법, 다시 말해 여자라는 족속의 발언을 막는 법을 배우는 것이다. 여기서 중요한 것은 텔레마코스가 실제로 사용하는 낱말이다. '발언'은 '남자들의 일'이라고 말할 때 텔레마코스가 사용했던 낱말은 '뮈토스muthos'다. 이 낱말의 의미는 오늘날 서구 문화에서 통용되고 있는 '신화myth'라는 낱말과 의미가 전혀 다르다. 호메로스의 그리스어에서 '뮈토스'라는 낱말은 누구나—'누구나'라는 범주에는 여성이 포함된다. 오히려 여성을 특정할 때 '누구나'라는 말을 쓰기도 한다—할 수 있는 담소나 수다나 뒷담화가 아니라 권위 있는 공적 발언을 뜻한다.

나의 흥미를 끄는 것은 여성을 침묵시키는 호메로스의 고대 세계 속 한 순간과, 의회 앞좌석에서 생산 현장에 이르는 현대 정치의 장뿐 아니라 우리가 살고 있는 현대 문화 속에서 여성들의 목소리를 들을 수 없는 상황과의 연관성이다. 이러한 상황을 특징짓는 것은 굳이 새삼스러울 것도 없는 그 유명한 무심함이다. 옛 만화 잡지 『펀치Punch 1841년 창간되어 2002년 폐간된 영국의 주간 풍자만화 잡지』에 실렸던 한 만화는 여성의 발언을 듣고도 못 들은 척하는 무심함을 탁월하게 풍자해냈다. '그것 참 좋은 제안이군요, 트릭스 양.

분명 이 자리에 있는 사람들 중 누군가도 같은 주장을 하고 싶겠죠.' 나는 이러한 무심함이 오늘날 발언을 하고 있는 많은 여성이 여전히 당하고 있는 모욕이나 욕설과 어떤 관련성이 있는지 생각해보고 싶다. 그리고 내 머릿속 한 귀퉁이에 자리 잡고 있는 질문 중 하나는, 지폐에 여성을 넣자는 주장을 지지하는 공적 발언과, 트위터상의 강간과 참수 위협, 그리고 페넬로페의 발언을 깔아뭉개는 텔레마코스의 행동거지 사이에 어떤 연관성이 있는가이다.

이 책에서 내가 하려는 일은, 발언과 논쟁과 논평이 오고 가는 공적 영역—즉 공적 위원회에서 의회의 의원석에 이르는 광의의 정치 영역—과 여성의 목소리 사이에 존재하는 어색하고 불편한 문화적 관계를 장기적 안목으로 살펴보는 것이다. 이러한 장기적 관점이 그동안 우리가 문제를 진단할 때 다소 나태하게 이용해왔던 '여성혐오misogyny'라는 범주를 극복하는 데 도움을 주었으면 하는 바람이다. 물론 '여성혐오'는 현재 벌어지고 있는 사태를 기술하는 한 가지 방법임에 틀림없다.(텔레비전 토론 프로그램에 나갔다는 이유로 내 생식기를 갖가지 썩은 채소에 비유하는 트위터 메시지를

'그것 참 좋은 제안이군요, 트릭스 양.
분명 이 자리에 있는 사람들 중 누군가도 같은 주장을 하고 싶겠죠.'

2. 약 30년 전, 리아나 던컨이라는 만화가는 위원회장이나 중역 회의실에 감도는 성차별의 분위기를 절묘하게 포착해냈다. 이런 종류의 회의석상에서 공개적으로 입을 열었던 여성들 중 '트릭스 양' 식의 대접을 피할 수 있었던 이는 전무하다시피 하다.

잔뜩 받는다면 여성혐오 말고 다른 어떤 낱말로 이러한 상황을 설명할 수 있겠는가.) 그럼에도 불구하고 문제는 그리 간단치 않다는 점, 그 배경에는 매우 장구한 사연이 존재한다는 점을 인식해야 한다. 여성들은 침묵을 강요당하지 않을 때조차 만만치 않은 대가를 치러야만 자신의 발언을 상대가 듣도록 할 수 있다는 사실을 제대로 이해하고 싶다면, 그럼으로써 이를 변화시키기 위해 뭔가 하고 싶다면 이러한 인식은 더더욱 필요하다.

텔레마코스의 폭발적 감정 분출은 고대 그리스와 로마 시대 내내 여성을 공적 발언으로부터 배제하고 그러한 배제를 과시적으로 전시하려 했던 수많은 시도, 대개는 성공했던 유구한 시도들의 첫 사례에 불과하다. 가령 기원전 4세기 초 아리스토파네스고대 그리스의 시인이자 희극작가는 여성들이 국가 운영을 떠맡는다는 '우스운' 판타지를 주제로 연극 한 편을 통째로 썼다. 『의회의 여자들Ecclesiazousai』이라는 이름의 희극이다. 이 희극이 우스꽝스러운 농담으로 작용했던 이유 중 하나는, 여자라는 족속은 사람들 앞에서 똑바로 발언할 능력이 없다는 전제, 다시 말해 여자들은 사적이고 은밀한 발언(이 경우 대개 성적인 데 고착된 발언)을 남자들이 종사하는 정치 특유의 고결한 어법에 맞게 각색할 능력이 없다는 전제가 깔려 있었기 때문이다. 고대 로마세계에서 오비디우스의 『변신』—사람들이 모습을 바꾸는 것에 관한 비범한 신화적 서사시이자 성경 이후 서양 예술에 가장 큰 영향을 끼친 문학작품—은 언제나 여성을 변신시키는 과정에서 이들의 입을 다물게 한다는 관념으로 회귀한다. 가엾은 이오는 유피테르 신에 의해 암소로 변해 말하는 능력을 잃고 '음매' 하는 암소 울음소리밖에 내지 못한다. 또한 수다쟁이 요정인 에코는 벌을 받아 자신의 목소리를 내는 대신 남의 말만 되풀이하는 도구로 전락한다. 워터하우스가 그린 유명한 회화 속 에코는 첫눈에 반한 나르키소스를 하염없이 바라보면서도 정작 그와의 대화는 시작할 엄두조차 내지 못한다. 그러는 동안 나르키소스—그의 이름은 '자기도취에 빠진 사람narcissist'이라는 낱말의 기원이 되었다—는 연못에 비친 자기 모습과 사랑에 빠져버린다.

1세기 로마에 살았던 발레리우스 막시무스라는 성실한 시 선집 편찬자는 '여자임에도 불구하고 타고난 성격상 로마의 토론 광장에서 침묵을

3. 17세기 플랑드르(벨기에) 화가 다비드 테니에르스의 회화 「암소로 변한 이오를 넘겨주는 유피테르」. 이 그림은 유피테르가 이오를 향한 자신의 관심이 부적절한 성적 욕망이라고 생각하는 아내 유노의 의심을 불식시키기 위해 암소로 바꾸어버린 가엾은 이오를 아내에게 넘기는 순간을 묘사했다.

지킬 수 없었던 여성' 사례 세 건을 수집했다. 그의 묘사를 통해 흥미로운 사실이 드러난다. 첫 번째 사례인 마이시아라는 여성은 법정에서 자신의 입장을 성공적으로 변호한다. 이 일로 마이시아는 '외모는 여자지만 실제로는 남자의 본성을 갖고 있다고 간주되었고, 결국 그 이유로 "안드로규노스androgyne(남녀추니, 양성성을 가진 존재)"라 불렸다'. 두 번째 사례인 아프라니아Afrania라는 여성은 스스로 법정 소송을 시작해 직접 자신을 변호할 정도로 '무례하고 뻔뻔했기' 때문에 결국 모든 사람이 그 여자의 '짖어대는 소리' 혹은 '으르렁거림'에 녹초가 되었다(그녀에게는 아직도 인간의 '말'이 허용되지 않는다). 우리는 이 여성의 생몰 연도 중 사망 연도가 기원전 48년이라는 것밖에 알 수 없다. '자연의 이치에 어긋나는 괴물에 관해 기록할 때 중요한 것은 태어난 시기가 아니라 죽은 시기이기 때문이다.

여성의 공적 발언을 혐오 섞인 시선으로 바라보는 고대 세계에서 주된 예외는 단 두 가지다. 첫째, 희생을 당하거나 순교하는 여성은 죽음을 맞기 전에 발언을 허용받는다. 초기 기독교 시대 여성들은 사자 밥이 되기 전에 자신의 신앙을 지키기 위해 목소리를

4. 잉글랜드의 화가 존 윌리엄 워터하우스가 1903년에 그린 회화 「에코와 나르키소스」. 에코와 나르키소스를 그린 회화 중에서도 놀라울 만큼 몽환적인 버전의 이 그림에서 반라의 에코는 말문이 막힌 채, 연못에 비친 자신의 모습에 몰두해 있는 '자기 도취에 빠진 사람narcissist'을 응시하고 있다.

5. 16세기에 제작된 이 필사본에는 루크레티아의 이야기에 핵심 사건 두 가지가 등장한다. 위쪽 그림에서 섹스투스 타르퀴니우스('거만한 타르퀴니우스'로 불리는, 고대 로마의 7대 왕 타르퀴니우스의 아들로, 전쟁으로 집안 남자들이 집을 비운 사이 사촌의 아내 루크레티아를 강간하여 로마 왕정이 무너지고 공화정이 들어서는 결정적 계기를 제공한 인물이다—옮긴이)는 덕망 높은 여인인 루크레티아에게 덤벼든다(강간범의 옷은 어리둥절할 만큼 차곡차곡 개켜져 침대 옆에 놓여 있다). 아래쪽 그림에서 16세기 복장을 한 루크레티아는 가족을 향해 강간범을 고발하고 있다.

6. 피카소의 1930년 그림. 테레우스가 필로멜라를 겁탈하는 모습을 그렸다.

6. 피카소의 1930년 그림. 테레우스가 필로멜라를 겁탈하는 모습을 그렸다.

높이는 모습으로 묘사되었다. 그리고 로마 초기 역사에 나오는 유명한 이야기를 보면, 덕성 높은 루크레티아는 당시 왕가의 잔혹한 왕자에게 강간을 당한 다음 발언 기회를 얻는다. 그러나 이 발언 기회는 강간을 저지른 자를 비난한 다음 자살하겠다는 선언을 위해 주어진 것이었다(최소한 로마 시대 저자들은 그렇게 기술했다. 실제로 무슨 일이 벌어졌는지는 짐작조차 할 수 없다). 그러나 이 쓰디쓴 발언 기회조차 박탈이 가능했다. 오비디우스의 『변신』에 나오는 한 이야기는 어린 공주 필로멜라에 얽힌 사연을 전한다. 필로멜라를 강간한 자는 루크레티아 식의 비난 자체를 미연에 방지하기 위해 필로멜라의 혀를 뽑아버렸다. 셰익스피어의 비극 『타이터스 앤드러니커스』에도 이와 유사한 내용이 나온다. 강간당한 러비니어의 혀 역시 잘리고 만다.

두 번째 예외는 더 친숙하다. 이따금씩 여성들은 일어서서 발언할 수 있는 합법적인 기회를 부여받았다. 다만 발언 내용은 자신의 가정과 아이들과 남편 혹은 다른 여성들의 이익 변호에 국한된다. 그렇기 때문에 이 로마의 선집 편찬자가 전하는 여성의 공적 발언의 세 가지 사례 중 세 번째에 등장하는 호르텐시아라는 여성은 발언을 하고도 죽음을 맞지 않는다. 그녀가 분명하게 대변하는 것은 미심쩍은 전쟁에 들어갈 자금 때문에 특별 부유세를 물게 된 여성(오직 여성들)의 이익이기 때문이다. 요컨대 여성들은 극단적인 상황에서나 같은 여성들의 이익을 공개적으로 변호할 수 있을 뿐 남자들이나 공동체 전체를 대변하는 발언은 할 수 없다. 2세기의 교부가 말했던 대로 '무릇 여자는 옷이 벗겨지지 않도록 경계하듯 외부인들에게 목소리가 노출되지 않도록 삼가고 경계해야만 한다.'

그러나 이 모든 이야기에는 눈에 보이는 것 이상이 함축되어 있다. 이들의 '강요된 침묵'은 고대 세계 내내 여성들이 대체로 감수해야 했던 권리 박탈, 즉 투표권의 부재와 법적·경제적 독립성의 제약 등의 무력함을 반영하는 데 불과한 것이 아니다. 물론 그러한 측면도 있다. 필시 고대 여성들은 직접적인 공적 이해관계가 전무했던 정치 영역에서 목소리를 높이지 않았을 것이다. 그러나 우리가 지금 다루고 있는 문제는 그보다 훨씬 더 적극적이고 무거운 배제, 여성의 발언권과 관련된 우리 문화의 전통과 관습 및 가정에 일반적으로 통용되고 인정되는 것 이상으로 강력한 여파를 끼친 심각한 배제다. 내가 강조하고 싶은 것은, 고대 세계의 여성들이 공적

7. 호르텐시아는 보카치오의 『유명한 여자들Famous Women』이라는 선집(106명의 여성을 주인공으로 한 서구 문학사상 최초의 전기 선집. 선행과 미덕으로 이름을 떨친 여성뿐 아니라 권력과 영광을 추구하다 파멸해간 여자들까지, 그리고 역사적이고 신화적인 인물에서 후기 고전 시대 인물까지 망라하고 있다—옮긴이)에 주인공으로 등장하는 인물이다. 15세기 말에 나온 이 선집에서 호르텐시아는 15세기 복장을 한 모습으로 여성 추종자 무리를 이끌고 대담하게 로마 당국에 맞서고 있다.

발언을 하지 않았던 데 불과한 것이 아니었다는 점이다. 공개적 발언과 웅변은 남성성을 하나의 성별로 규정하는 독점적이고 배타적 실천이자 기술이었다. 텔레마코스에게서 보았듯이, 남자가 된다는 것(최소한 엘리트 계층의 남자가 된다는 것)은 발언할 권리를 요구하는 것이었다. 공적 발언은 남성성을 정의하는 유일하지는 않지만 중요한 속성이었다. 로마의 유명한 슬로건을 빌리자면 엘리트 계층의 남성 시민은 '위르 보누스 디켄디 페리투스vir bonus dicendi peritus', 한마디로 '발언에 능한 훌륭한 인간'이었다. 그러므로 공개적으로 발언하는 여성은 대부분의 경우, 단어의 정의상 당연히 여성이 아니었다.

남성의 낮고 깊은 목소리를 여성의 높고 새된 목소리와 대비시킴으로써 남성 목소리의 권위를 되풀이해 강조하는 행태는 고대 문학 전반에 걸쳐 폭넓게 나타난다. 과학을 주제로 한 고대의 한 논문 격 글이 노골적으로 주장했던 바에 의하면, 낮은 목소리는 남성다운 용기를 나타내는 반면 톤이 높고 날카로운 목소리는 여성의 비겁함을 상징한다. 또 다른 고대 저자들 역시 여성이 말할 때의 어조와 음색이란 예외 없이 남성 웅변가의 목소리뿐 아니라 국가 전체의 사회 정치적 안정성과 건전성까지도 전복시키는 위협이라고 주장했다. 2세기에 활동했던 웅변가이자 지식인이었던 디오 크리소스톰Dio Chrysostom(그의 이름은 꽤 의미심장하다. 말 그대로 디오Dio는 '황금의 입, 달변Golden Mouth'을 뜻한다)은 청중에게 다음과 같은 상황을 상상해보라고 요청했다. '사회 전체가 희한한 고통에 타격을 받는 상황 말입니다. 모든 남자의 목소리가 갑자기 여자들의 목소리로 변해버려 성인과 아동을 막론하고 누구든 남자답게 말하는 것이 전혀 불가능해지는 겁니다. 이러한 상황은 그 어떤 역병보다 끔찍하고 참기 힘든 일로 보이지 않겠습니까? 자신하건대 만일 그런 상황이 닥친다면 남자들은 신전으로 몰려가 신들에게 조언을 청하고 무수한 선물로 신의 노여움을 달래려 애쓸 겁니다.' 크리소스톰의 주장은 결코 농담에 불과한 말이 아니었다.

이것은 멀리 떨어진 특정 문화권 특유의 이데올로기가 아니다. 시간상으로는 멀리 떨어져 있을지도 모른다. 하지만 나는 이것이 성별화된 발언—그리고 성별화된 발언의 이론화—의 전통이라는 점을 강조하고 싶다. 우리는 여전히 이러한 전통의 직간접적 계승자다. 과장은 금물이다. 서구 문화가 발언이나 다른 모든 분야에서 고대 그리스인과 로마인의 영향을 받고 있는 것은 아니라는 뜻이다(그렇지 않다니 얼마나 다행인가. 우리 중 누구도 그리스와 로마 시절의 세상에서 살고 있다고 생각하는 사람은 없을 테니까). 우리에게 영향을 미치는 모든 것은 종류도 다양하고 서로 경합을 벌이고 있다. 게다가 다행스럽게도 서구의 정치 체제는 고대의 성별화된 관습이나 통념 중 많은 것을 성공적으로 전복시켰다. 그럼에도 불구하고 우리의 논쟁 및 공적 발언의 전통과 관례 및 규칙이 고대 세계의 음영이 드리운 곳에 아직 잔존해 있다는 사실만큼은 변하지 않았다. 르네상스 시대에 정식화된 수사修辭와 설득의 근대적 기교는 의심할 바 없이 고대의 연설과 지침에서 끌어온 것이며, 수사 분석에 대한 서구의 개념과 용어들은 아리스토텔레스와 키케로에게서 직접 유래한 것이다(도널드 트럼프가 집권하기 전, 버락 오바마나 그의 연설문 작성자들은 키케로에게서 최상의 연설문 작성 비결을 배웠다는 사실을 언급하곤 했다). 그뿐만이 아니다. 하원에서 의회 규정과 절차의 대부분을 고안하고 법률화했던 19세기 신사들을 키워낸 기반 역시 앞서 인용한 고대 그리스 및 로마의 이론과 표어와 편견이었다. 다시 한번 강조하건대, 우리는 고대 유산에 속아 넘어가 사기를 당한 얼뜨기 피해자나 희생자가 아니다. 오히려 고대 그리스와 로마의 전통은 공적 발언에 대해 사유할 토대를, 그리고 무엇이 설득력과 탁월함을 갖춘 연설이고 무엇이 형편없는 웅변인가뿐 아니라 누구의 연설이 귀 기울여 들을 만한 가치가 있는지를 결정하는 데 필요한 강력한 본보기와 규범을 제공해왔다. 여기서 성별은 다양한 요소가 혼합된 이러한 전통의 중요한 부분이다.

서구 근대의 연설 전통—최소한 20세기까지의 전통—을 대략 살펴보기만 해도 내가 강조해왔던 고전적 주제 중 많은 것이 되풀이해 등장한다는 것을 알 수 있다. 공적 목소리를 요구하는 여성들은 광장에서 자신을 변호했던 마이시아처럼 괴상하고 기이한 남녀추니 혹은 양성인간 취급을 받는다. 여성들 자체가 아예 스스로를 그렇게 대하는 것처럼 보이기도 한다. 명백한 사례는 엘리자베스 1세의 호전적 연설이다. 이 연설은 1588년 스페인의 무적함대와 싸워야 하는 국면에서 여왕이 틸버리의 군 병사들을 대상으로 했던 것이다. 대부분의 사람이 학교에서 배운

대로 말하자면 여왕은 자신의 양성성을 긍정적으로 언명하는 듯 보인다.

> 짐은 짐이 나약하고 보잘것없는 여자의 몸을 하고 있음을 알고 있다. 하지만 짐의 마음과 배포만큼은 제왕의 것, 잉글랜드 국왕의 것이다.

학교에서 공부하는 여학생들에게 가르치기에는 희한하기 짝이 없는 구호다. 진실은 엘리자베스 여왕이 결코 그런 투의 언명을 했을 리 없다는 것이다. 여왕이 직접 작성한 원고도 없고 왕의 연설문을 담당했던 신하의 글도 남아 있지 않다. 하다못해 연설을 목격했던 자의 설명도 전무하다. 정본에 속한다고 할 수 있는 유의 기록은, 별로 믿음이 가지 않는 어느 주석자의 편지에서 나온 것인데, 그나마 속셈이 따로 있는 편지이고 작성 시기도 그 언명이 있었을 것으로 여겨지는 시기로부터 거의 40년 후다. 하지만 내가 말하고 싶은 바의 입장에서 보면 이 연설이 그럴듯한 허구인 편이 차라리 낫다. 남성이었던 편지 작성자가 여왕의 입을 빌려 양성성을 과시(혹은 고백)했다고 보는 편이 오히려 근사한 반전일 테니까.

근대 공적 발언의 전통을 더 일반화해서 바라본다 해도 여성이 공적 발언을 허용받는 분야는 크게 바뀌지 않았다. 여성 전체의 권익을 지지할 때건 여성이 희생자임을 보여줄 때건 마찬가지다. '역사상 위대한 연설 100선'이나 그 비슷한 이름으로 불리는 희한한 선집에 포함되어 있는 여성의 글을 보면, 에멀린 팽크허스트의 연설부터 힐러리 클린턴의 베이징 연설—유엔 회의에서 여성을 주제로 한 연설—을 막론하고 각광받는 발언 중 대부분이 여성의 운명을 주제로 하고 있음을 알게 된다. 명연설 선집이 즐겨 싣는 인기 있는 여성 연설의 사례인 소저너 트루스—노예였다가 노예폐지론자가 된 미국의 여권 운동가다—의 1851년 연설 '이래도 내가 여자가 아닙니까?Ain't I a Woman' 또한 예외가 아니다. '이래도 내가 여자가 아닙니까?'라는 연설에서 트루스가 했다는 발언은 다음과 같다.

> 나는 열세 명의 아이를 낳았고 '대부분'이 노예로 팔려가는 모습을 지켜봤습니다. 그리고 내 어머니의 슬픔과 똑같은 슬픔에 빠져 울부짖었습니다. 그 고통 속에서 내 울부짖음에

8. 19세기 영국 교과서에서 자주 재현되는 틸버리의 엘리자베스 여왕 이미지. 펄펄 휘날리는 우아한 드레스를 차려입은 여왕은 남성들(그리고 그들의 창)에게 완전히 둘러싸여 있다.

귀 기울여준 이는 예수님 말고는 아무도

없었습니다! 이래도 내가 여자가 아닙니까…….

1851년 오하이오에서 트루스가 한 연설은 '여성은 탈것으로 모셔야 하고 도랑은 안아 건너 드려야 하는' 등 귀부인 대접을 해야 한다는 남성들의 편견에 맞서, 귀부인 대접은커녕 노예로 남성 못지않은 삶을 살아온 자신도 여성이며 문제는 평등임을 주장하는 내용을 담고 있다.

이 말의 영향력이 대단하다는 것을 인정한다 하더라도, 트루스의 이 연설이 엘리자베스의 틸버리 연설보다 허구가 아니라고는 말하기 힘들 것 같다. 이 연설의 공인된 버전은 소저너 트루스가 실제로 연설한 지 약 10년 후에 완성되었다. 트루스가 직접 하지 않은 게 분명한 '내가 여자가 아닙니까'라는 유명한 후렴구가 삽입된 것도 이 시기다. 그녀가 했던 발언 전체 또한 모음을 질질 끌면서 발음하는 남부 특유의 느린 말투로 바뀌어 노예폐지론자에게 어울리는 연설문으로 각색되었다. 하지만 정작 트루스는 남부가 아니라 북부 출신이었고 네덜란드어를 쓰면서 자랐다. 나의 이러한 지적을 여성의 대의를 지지하기 위한 공적 발언의 증대가 중요하지 않다는 주장으로 오해하지 않았으면 한다. 분명 누군가는 여성들을 위해 목소리를 높여야 한다. 그럼에도 불구하고 지난 수백 년 동안 여성들의 공적 발언이 여성의 대의명분이라는 '틈새에 국한되어' 이루어졌다는 사실만큼은 변함이 없다. 이것이 과연 온당한 일일까?

게다가 여성들에게 허용되었던 그 발언 허가증조차 항상성이나 일관성이 없었다. 여성들을 공적 발언에서 아예 배제하려는 시도, 그럼으로써 여성의 말이 문서로 남겨지지 못하도록 하려는 텔레마코스 식의 입막음 시도는 수도 없이 많다. 악명 높은 최근의 사례는 미국 상원에서 벌어졌던 엘리자베스 워런의 원내 발언 금지 조치였다. 이는 워런의 발언을 막아 그녀를 논쟁에서 원천적으로 차단하려는 시도였다. 당시 워런은 코레타 스콧 킹마틴 루서 킹 목사의 아내이자 인권운동가이 1986년에 쓴 편지를 원내에서 읽었다2017년 2월 공화당이 우세인 미 연방 상원에서, 공화당이 지지하는 법무장관 내정자에 대한 공격성 발언을 했다는 이유로, 민주당 워런 상원의원이 다른 동료 의원의 자질을 의심하면 안 된다는 상원 규칙을 어긴 것으로 간주되어 원내 발언을 금지당한 사건이다. 워런이 코레타 스콧 킹의 편지를 읽은 것이 내정자에 대한 공격이라는 것이었다. 워런은 편지를 읽은 데 불과하다고 항변했지만 결국 상원의 표결로 워런은 인준이 끝날 때까지 원내 발언을 할 수 없었고, 이 사건으로 반트럼프

9. 1870년의 소저너 트루스. 트루스가 일흔 살 넘었을 당시에 찍은 것이다. 이 사진에서 트루스는 급진적인 인물이라기보다는 다소 차분하고 덕망 있는 노부인으로 보인다.

진영 내 저항의 아이콘이 되었다. 우리 중 이러한 발언 금지 조치가 공식적으로 얼마나 정당한지 판단할 수 있을 만큼 상원의 토론 규칙에 대해 정통한 사람은 거의 없으리라는 게 내 생각이다. 그러나 분명한 점은 버니 샌더스나 다른 상원의원들(틀림없이 워런을 지지하는 의원들)은 똑같은 편지를 읽지 못하도록 제지당하지도, 토론에서 배제되지도 않았다는 것이다. 이와 유사한 심란한 사례들은 문학에도 존재한다.

헨리 제임스가 1880년대에 출간했던 소설 『보스턴 사람들』의 중심 주제 중 하나는 젊은 여권신장 활동가이자 연사인 베레나 태런트를 침묵시키는 것이다. 태런트는 구혼자 바질 랜섬(그는 제임스가 강조하듯 깊고 풍부한 목소리의 소유자다)과 가까워지면서 예전처럼 사람들 앞에서 말을 할 수 없게 되어버린 자신의 모습을 발견한다. 랜섬은 태런트의 목소리를 사적이고 내밀한 것으로 만드는 데 성공한다. 그는 베레나가 오직 자신에게만 말을 해야 한다고 고집을 부린다. '위안을 주는 당신의 말은 나만을 위해서 해줘요.' 이 소설에서 제임스 자신의 입장이 무엇인지 정확히 확정짓기는 어렵다(독자들이 랜섬이라는 인물에게 매력을 느끼지 않는 것만은 분명하다). 하지만 소설이 아닌 다른 시평에서 제임스는 자신의 입장을 명료히 밝혔다. 여성들의 목소리가 오염성과 전염성이 강하고 사회적으로 파괴적인 효과를 낸다고 주장한 것이다. 그것도 기원후 2세기 로마 남성의 펜 끝에서 술술 나왔을 법한(따라서 고대 문헌에서 유래되었을 게 거의 확실시되는) 언어로 말이다. 제임스의 주장에 따르면 미국 여자들의 영향하에 있는 언어는 '웅얼거림이나 두서없는 중얼거림, 벙어리 같은 으르렁거림이나 징징거림으로 보편화'될 위험이 있다. 그렇게 되면 언어는 '소와 당나귀의 울음소리나 개 짖는 소리'처럼 들릴 것이다.(혀를 뽑힌 필로멜라, 이오의 소 울음소리, 그리고 로마의 토론 광장에서 짖어대는 여성 발언자의 외침이 되풀이되고 있는 데 주목하라.) 제임스 또한 여성의 발언을 짐승의 울부짖음에 비유했던 많은 남성 중 한 명이었다. 미국 식 언어의 올바른 기준을 확립하겠다며 십자군 전쟁을 방불케 하는 격렬한 논쟁을 벌였던 19세기 말, 저명한 다른 동시대 남성들 또한 가정 안에서 달콤하게 들리는 여성의 노랫소리는 칭송했던 반면 더 넓은 세상에서 여성이 자기 목소리를 내는 일에는 한사코 반대했다. 여성이 공적으로 발언할 때 내는 '비음 섞인 가느다란 어조, 콧소리, 살랑살랑

흔들리는 말소리, 애처롭게 훌쩍이는 듯한 음색, 힝힝거림, 칭얼거림'을 질타하는 우레 같은 비판은 도처에 널려 있었다. 제임스는 다시 한번 강조한다. '우리의 가정과 아이들, 우리의 미래와 국가 전체를 건 명예의 이름으로 저런 여성들만큼은 막아야 한다!'고.

물론 오늘날에는 그토록 노골적인 언사는 쓰이지 않는다. 고대의 단도직입적 표현을 그대로 쓰지는 않는다는 뜻이다. 그렇다고 딱히 상황이 나아진 것도 아니다. 공적 발언이 여성 일반에게 어울리지 않는다는 종래의 통념들—핵심적 측면에서 2000년 넘는 세월을 거슬러 올라가는 견해들—은 여성의 공적 발언에 대한 우리 자신의 생각 일부뿐 아니라 여성이 남들 앞에서 말하기를 어색해하고 꺼려하는 문화의 저변에 여전히 깔려 있기 때문이다. 여성이 발언할 때 내는 소리를 묘사하기 위해 오늘날 우리가 사용하는 표현만 해도 헨리 제임스나 거들먹대는 고대 로마인들이 사용하던 표현과 크게 다르지 않다. 공개적인 주장을 펼치거나 적극적으로 자신의 견해를 옹호하거나 다른 사람들 앞에서 발언하는 여성을 묘사할 때 쓰이는 단어는 무엇일까? '귀에 거슬리는 날카로운'이라는 단어는 단골로 등장한다. 여자들은 '넋두리를 늘어놓거나'

'칭얼거린다'고들 말한다. 인터넷상에서 나를 생식기에 빗댄 불쾌한 언사들비어드의 얼굴에 여성 성기 사진을 겹쳐놓은 합성 이미지들이 인터넷에 떠돈 사건이 의견이랍시고 한바탕 펼쳐진 것을 본 후, 나는 '입을 쳐 맞은 느낌gob-smacking'이라는 트위터 답변을 날렸다(당시 이런 표현이 너무 대담한 게 아닌가 생각하지 않은 것은 아니었다). 그러자 영국 주류 잡지의 한 평자는 이를 두고 다음과 같이 비아냥거렸다. '여성혐오는 실로 "입을 쳐 맞은 느낌"을 준다고 메리 비어드가 징징거렸다'라고 말이다.(지금까지 구글 검색을 통해 대강 훑어본 바로는, '징징거린다'는 조롱을 여성들만큼 듣는 영국 내 유일한 집단은 프리미어리그에서 연패에 시달리는 인기 없는 축구팀 감독들뿐이다.)

이러한 단어들은 중요한가? 당연히 중요하다. 이러한 단어들이야말로 여성들이 말해야 하는 발언의 권위와 힘, 심지어 재기발랄함을 제거하기 위해 작동하는 관용어의 토대이기 때문이다. 이 단어들은 여성을 가정이라는 사적 영역으로 다시 밀어넣는 효과적 어법이다(사람들은 설거지 같은 일에 대해서나 '넋두리를 늘어놓는'다). '넋두리를 늘어놓는다', 혹은 '징징거린다' 따위의 낱말은 여성의 언어를 대단찮은 것으로 만들거나 '사적인 영역으로 되돌려놓음으로써' 이들이 사용하는 언어의 지위를 변질시킨다. 반면 '깊은 목소리의' 남성에게는 '깊다'라는 단순한 단어에 수반되는 온갖 심오함의 함의가 따라붙는다. 여성의 목소리를 듣는 청자들은 그것을 권위가 담긴 발언으로 듣지 않는다. 안타깝지만 오늘날에도 이는 엄연한 사실이다. 청자들은 여성의 목소리에 함축된 권위를 듣는 법을 배우지 못했다. 사람들은 여성의 목소리에서 '뮈토스' 즉 권위 있는 공적 발언을 듣지 않는다. 문제는 목소리만이 아니다. 발언하는 남성의 우락부락한 외모나 주름진 얼굴은 그의 목소리에 원숙한 지혜라는 덤까지 붙여주는 반면, 여성의 주름진 얼굴은 그녀의 발언에 '유통기한이 한참 지났거든'이라는 딱지나 붙여줄 뿐이다.

청자들이 여성의 발언에서 무시하는 것은 권위뿐만이 아니다. 전문성 또한 폄하된다. 최소한 여성 전체의 이해관계가 존재하는 종래의 영역 밖에서는 그러하다. 여성 국회의원이 여성부 장관(혹은 교육부나 보건부 장관)이 된다는 것은 재무장관직처럼 영국에서는 어떤 여성도 올랐던 적 없는 남성 위주의 직위에 오른다는 것과 함의가 전혀 다르다. 오랫동안 남성의 담론 영역이었던 곳으로 여성이 들어가는 데 대한 저항은 오늘날에도 어마어마하다. 여성 전용 경기인 네트볼을 벗어나 '매치 오브 더 데이Match of the Day, 영국 BBC의 축구 하이라이트 프로그램' 최초의 여성 해설자가 될 배포를 지녔다는 이유로 재키 오틀리BBC의 스포츠 진행자가 감내해야 했던 폭언이건, 주류 '남성 정치'에 국한된 주제 분야를 다루는 토론 프로그램인 '퀘스천 타임Question Time, 영국 BBC의 간판 시사토론 프로그램'에 출연하는 여성들에게 쏟아지는 여성혐오적 언사건 예외는 없다. 내게 '징징거린다'고 비아냥거렸던 그 저널리스트가 '퀘스천 타임'에 출연했던 여성들 중 가장 멍청한 여성'을 뽑는 '소규모의 편안하고 가벼운' 코너를 자기 블로그에서 운영하는 것은 이런 환경에서 크게 놀랄 일도 아니다. 더욱 흥미로운 것은 이 사태가 드러내는 또 다른 문화적 함의다. 큰 인기를 끌 정도의 매력이 없는 의견이나 논란이 되는 발언, 혹은 그저 평범하기 이를데없는 말은 발언 주체가 여성일 경우 남성이 발언 주체일 때와는 달리, 발언한 여성의 아둔함을 드러내는 지표로 간주된다는 사실이 그것이다. 해당 여성의 의견에 동의하지 않는다는 식의 의견 표명은 사라지고 의견을 낸 여자가 멍청하다는 잣대질만 난무한다. '이봐, 미안하지만 당신은 그냥 무슨 말인지 모르는 거라고.' 내가 '무지렁이 천치'라고 불린 횟수가 도대체 몇 번이었는지는 세다가 잊어버릴 정도였다.

이러한 태도와 가정과 편견은 우리 깊은 곳에 내장되어 있다. 그것은 우리 뇌가 아니라(톤이 낮은 목소리가 높은 목소리보다 권위 있다고 들어야 할 신경학적 이유는 전혀 없다) 우리의 문화와 언어, 그리고 수천 년의 역사 속에 각인되어 있다. 따라서 국내 정치에서 여성이 제대로 대변되지 못하는 현실, 그리고 공적 영역 내의 여성이 남성보다 더 침묵해야 하는 현실에 관해 생각할 때, 우리는 몇몇 저명한 영국 정치가와 그들의 동료들이 옥스퍼드의 벌링던 클럽Bullingdon Club, 고위층 자제들의 비공식 클럽으로 알려진 남성 전용 사교 클럽. 멤버는 대부분 이튼스쿨 출신으로 캐머런 총리 역시 그중 하나다에서 벌이는 짓, 웨스트민스터의 비행卑行과 전형적인 남성 중심의 문화를 넘어서야 한다. 가정 친화적인 시간들과 육아 조항—그 중요성을 인정함에도 불구하고—까지도 넘어서서 사고할 수 있어야 한다. 우리는 여성이 제시하는 의견을 듣도록 학습해온 방식에 관한 훨씬 더 근본적인 쟁점, 혹은—잠시만 『펀치』의 풍자만화로

10. 재키 오틀리는 2016년 명예 학위를 받는다. 2007년 오틀리가 '매치 오브 더 데이'의 해설자가 되어 진행을 시작했을 때 세간에서는 비난이 빗발쳤다. 어떤 이는 '절제된 남성 해설에 대한 모욕'이라며 격앙된 반응을 보였고 또 다른 이는 '이제 채널을 돌리겠다'고 공언했다.

돌아가서—내가 '트릭스 양 문제'라 부르고자 하는 사안에 초점을 맞추어야 한다. 남성들이 쉴 새 없이 말하는 상황에서 여성은 어떻게 그 틈새에 끼어들어 말할 기회를 잡는가? 또한 어떻게 해야 여성은 자신의 말에 귀를 기울이지 않도록 만드는 메커니즘과 편견을 전보다 더 잘 인식하게 될 수 있을까?

목소리와 젠더라는 쟁점 중 일부는 인터넷 트롤, 그리고 온라인상에서 오가는 폭언부터 살해 위협에 이르는 적의라는 문제 속에서 작동하고 있다. 인터넷 공간의 더 끔찍한 측면을 지나치게 일반화하는 우를 범하지 않도록 주의할 필요는 있다. 이러한 측면들은 다양한 형태로 나타나며(가령 트위터상에서 나타나는 적의가 신문 논평란의 적의와 꼭 동일한 것은 아니다), 범죄에 가까운 살해 위협 역시 '불쾌한' 데 그치는 성차별적 욕설과는 다르다. 이러한 적의의 표적은 십대 아이의 죽음을 놓고 비통해하는 부모부터 다양한 분야의 '유명 인사'까지 온갖 종류의 사람들이다. 정확한 추정치는 다양하게 나타날 수 있겠지만, 분명한 점은 여성보다 훨씬 더 많은 수의 남성이 이러한 일을 저지르고 있다는 것, 그리고 공격 표적은 남성보다 여성이 훨씬 더 많다는 것이다. 그저 내 생각에 불과할지 모르지만(게다가 나는 일부 여성이 당하는 극심한 폭언까지 직접 겪지는 않았다), 나는 라디오나 텔레비전에 출연해 발언할 때마다, 완곡하게 말해서 '부적절할 정도의 적대적' 반응, 즉 공정한 비판이나 심지어 타당한 분노라고 할 만한 대응을 가뿐히 넘어서는 취급을 받는다.

확신컨대 이러한 폭언의 원천은 다양하고도 많다. 그중 일부는 버릇없는 아이들의 것이고, 일부는 폭음한 사람들의 것이며, 또 일부는 잠시나마 내적 억제력을 상실했던 사람들에게서 나온 것이다(이들은 폭언을 퍼부은 다음 사과하는 태도를 보이기도 한다). 이러한 비방 중 대부분의 것은 악랄하고 악의적이라기보다는 그저 슬프고 애처롭다. 내 마음이 너그러운 상태일 때, 나는 그 많은 욕설과 비방이, 트위터 같은 공간이 확산시킨 민주화의 약속이 거짓임을 깨닫고 좌절한 사람들의 분노에서 비롯된 것이라고 치부한다. 트위터 같은 공간은 본디 권력자들과 우리의 직접적 소통을 가능케 함으로써 새로운 민주적 대화의 가능성을 열어젖혀야만 했다. 하지만 현실에서 그 공간은 그렇게 바람직한 종류의 일은 거의 하나도 하지 못한다. 수상이나 교황에게 트위터로 메시지를 날린다 해도 그들은 보지 못한다. 그들에게 편지를 써서 보냈던 시절에 비해 나아진 게 전혀 없다는 뜻이다. 게다가 대부분의 수상은 자신의 이름을 단 트위터 계정에 글조차 쓰지 않는다. 그것이 가능하다고 여기는 게 더 이상하지 않겠는가(물론 현 교황인 프란치스코는 예외일 수도 있겠지만)? 트위터상의 폭언 중 일부는 가상 공간이 제시하는 속절없는 거짓 약속에 대한 좌절과 실망이 격렬하게 표출된 결과다. 이들은 그저 예전부터 편리한 표적이었던 사람들('쓸데없이 말 많은 여자')을 먹잇감으로 삼고 있을 뿐이다. 유념할 점은 '목소리를 잃었다'고 느끼는 이들이 여성만은 아니라는 것이다.

그럼에도 불구하고 여성들이 그동안 받아온 위협과 모욕은, 보면 볼수록 내가 말해왔던 오래된 유형과 더 잘 들어맞는 듯하다. 우선 예로부터 남성의 고유한 영역으로 간주된 분야로 들어가 보면, 발언하는 여성이 어떤 노선을 견지하고 있는지는 그리 중요하지 않다. 비방과 욕설은 노선과 상관없이 날아들기 때문이다. 폭언은 여성이 하는 말의 내용이 아니라 그들이 그 발언을 하고 있다는 사실 자체에서 촉발된다. 비방자들의 표적이 말의 내용이 아니라 말 자체라고 볼 때에만 비로소 위협 내용이 이해가간다. 그 정도로 심한 폭언과 위협이 여성들이 말한 내용 때문이라고 생각할 수는 없는 노릇이니까. 이들의 위협에는 강간과 폭발물과 살해 위협 등 충분히 예상할 수 있는 메뉴가 포함되어 있다(말로는 별로 심각하게 들리지 않을 수도 있다. 그렇다고 해서 심야에 찾아드는 이러한 위협이 공포스럽지 않다는 뜻은 아니다). 이러한 위협 중 꽤 많은 것이 겨냥하는 목표는 여성의 입을 다물게 하는 것이다. '쌍년아 입 닥쳐'라는 후렴구는 흔하디흔하다. 여성의 발언 능력을 제거하겠다는 결기 넘치는 다짐도 있다. 내가 받았던 트위터 답변 중에는 '네 목을 딴 다음 거기 내 거시기를 박아주지'라는 문구가 있었다. 미국의 한 저널리스트를 위협했던 사람이 택한 트위터상의 이름은 '대가리없는암퇘지headlessfemalepig'였다. 어떤 여성은 '네 혀를 뽑아야 했는데'라는 트위터 답변을 받기도 했다.

　이 조잡하고 공세적인 협박이 드러내는 명백한 주제는 여성들을 남성의 발언으로부터 배제시키는 것, 남성이 발언하는 세계에서 여자들을 잡아 빼내는 것이다. 트위터상에서 폭발적으로 분출하는 이 정신 나간 욕설—대부분 욕설 그 이상도 이하도 아니다—과, 발언 중인 여성 의원들에게 요란한 야유를 퍼붓는 통에 그들의 말을 도저히 알아들을 수 없게 만드는 하원 남성 의원들 사이에 모종의 연관성이 없다고 생각하기란 쉽지 않다.(아프가니스탄 의회에서는 남성 의원들이 여성 의원의 발언을 듣고 싶지 않을 때면 아예 마이크를 꺼버린다고 한다.) 아이러니하게도 이런 유의 모욕을 당하는 여성들이 권고받는 선의의 해결책은 결국 욕설을 퍼붓는 자들이 원하는 바로 그 결과, 즉 발언하는 여성의 침묵으로 이어진다. '욕설을 퍼붓는 자들을 호출하지 말라. 무관심이 상책이다. 그들에게 어떤 관심도 기울이지 말라. 침묵을 유지하고 그들을 "차단하라."' 여성들이 듣는 조언은 대개 이런 것들이다. 이러한 권고는 여성들이 자주 듣던 '입 닥치고 네 일이나 해'라는 말의 기묘한 재탕이다. 하지만 이러한 권고는 오히려 욕설을 퍼붓는 자들이 경기장에서 아무런 도전도 받지 않는 지위를 계속 점하도록 방치하는 위험을 초래한다.

진단은 이쯤 해두기로 하자. 실현 가능한 현실적 치료책은 무엇일까? 대부분의 여성처럼 나도 답을 알고 싶다. 사무실, 의회 내 위원회실, 대회의장, 세미나 현장이나 하원, 그 어디서건 일상에서 횡행하는

'트릭스 양 문제'를 놓고 정기적으로 고민하고 논의해보지 않은 여성 동료나 친구 집단은 하나도 없다. 도대체 어떻게 해야 여성의 주장에 귀 기울이게 할 수 있을까? 어떻게 해야 여성의 논지에 주목하도록 할 수 있을까? 여성이 논의의 일부가 되게 할 방책은 무엇일까? 일부 남성 중에도 여성들이 느끼는 것과 비슷하게 문제를 인식하는 이들이 있으리라 확신한다. 하지만 성장 배경과 정치색과 종사하는 일에 상관없이 모든 여성을 하나로 뭉치게 하는 공통점은, 이들이 대개 발언에 개입하다 실패해본 경험을 갖고 있다는 것이다. 한 여성이 회의 중에 자기주장을 펼친다. 짧은 침묵이 몇 초간 이어진다. 어색한 잠깐의 시간이 흐른 후 한 남성이 '제가 말하고 있던 내용은 말입니다……' 라면서 그 여성의 발언으로 중단되었던 부분부터 발언을 재개한다. 차라리 아예 입을 열지 않는 편이 나았을지도 모른다. 주장을 펼쳤던 여성은 결국 자책에 빠지고 논의의 권한을 독점한 남성 클럽에 속한 남자들을 비난한다. 일은 늘 이렇게 마무리되고 만다.

어떻게든 자신의 목소리에 귀 기울이게 하는 데 성공하는 여성들은 대개 고대 로마 광장의 마이시아나 틸버리의 '엘리자베스 여왕'처럼 '남녀추니 혹은 양성인간'의 길을 택해 남성의 언변 비슷한 것을 의식적으로 흉내 낸다. 이것이 바로 마거릿 대처가 걸었던 길이다. 대처는 특별 훈련까지 받아가며 자기 목소리의 피치를 낮춘 다음, 주위의 자문들이 그녀에게 부족하다 여겼던 권위 가득한 어조를 창조해냈다. 이러한 방법이 효력을 지닌다면 이를 비판하는 것은 인색하고 야비한 처사가 될 것이다. 하지만 남성을 흉내 내는 온갖 전략은 여성들에게 뭔가 중심에 들어가지 못하고 바깥에서 겉돈다는 느낌, 자신의 것이 아닌 언변을 흉내나 내는 존재가 된 듯한 개운치 않은 뒷맛을 남긴다. 좀더 직설적으로 말해서 여성들이 남성인 척 흉내를 내는 것은 신속한 처방일 수는 있으나, 그것으로는 문제의 핵심에 도달하지 못한다.

　절실한 작업은 우리 문화 내 수사修辭의 작동 규칙을 더 근본적으로 생각하는 일이다. '남성과 여성은 다른 언어를 사용한다'는 식의 낡은 주장을 펼치자는 게 아니다(남성과 여성이 다른 언어를 구사한다면 그것은 이들이 다른 언어를 쓰도록 학습했기 때문일 뿐 다른 이유는 없다). 그렇다고 '남성은 화성에서 왔고 여성은 금성에서 왔다'는 식의 대중심리학의 길을 택하자고 제안하는 것도 아니다. 나의 예감은, '트릭스 양 문제'의 진정한 진전을 보려면 발언이 지니는 권위의 성질과 그 권위를 구성하는 것이 무엇인가, 그리고 우리가 듣는 권위를 어떻게 학습해왔는가에 관한 제1원리로 돌아가야 할 것 같다는 것이다. 깊고 거친 인공적 어조를 습득하도록 여성들을 목소리 강습으로 내몰 것이 아니라, 지배적인 남성 담론의 기저에 놓인 단층선과 균열에 관해 더 생각해 봐야 한다는 것이 나의 생각이다.

이쯤에서 고대 그리스인과 로마인을 다시 한번 살펴보는 것이 유용할 듯싶다. 이들의 문화로 인해 공적 발언 및 남성의 뮈토스, 그리고 여성의 침묵에 대한 서구 문명의 성별화된 가정이 생겨난 것도 사실이지만, 이러한 가정에 관해 오늘날의 우리보다 훨씬 더 반성적인 사유를 했던 일부 저자가 그 문화권에 존재했다는 것 또한 사실이기 때문이다. 이 저자들은 그들 내에서 위기에 처한 것이 무엇인지에 관해 남다른 인식을 지녔고, 자신이 단순하다는 사실에 괴로워했으며 따라서 당연히 저항이 있을 것이라는 점 또한 시사했다. 오비디우스는 의심할 바 없이 여성들을 변신시키거나 불구로 만들어 이들의 침묵을 도모하려던 작가였지만, 소통이 인간의 목소리만으로 이루어지는 것은 아니라는 점, 여성들은 그리 쉽게 침묵당하지 않는다는 사실을 암시하기도 했다. 필로멜라는 혀를 잃었지만 자신이 당한 범죄의 전말을 태피스트리에 짜넣음으로써 강간범을 고발했다(이것이 셰익스피어의 비극『타이터스 앤드러니커스』에 등장하는 강간당한 러비니어가 혀뿐 아니라 두 손을 잘린 이유다). 비범하기로 이름 높은 고대의 수사이론가들은 연설을 통한 최상의 남성적 설득 기술이 (그들이 인식한 대로) 여성의 유혹 기술과 매우 가깝다는 사실을 인정할 각오가 되어 있었다. 불편한 진실이지만 이들은 그것을 받아들였다. 여성의 유혹 기술을 이용해야 하는 연설을 진정한 의미에서 남성적인 것이라고 마음 편히 단언할 수 있는가 하는 문제는 이들의 근심거리였다.

특히, 유혈이 낭자한 한 일화를 보면 고대 세계의 공적 생활과 발언의 표면 아래 놓여 있는 미제의 성별 전쟁이 생생히 드러난다. 기원전 44년 율리우스 카이사르가 암살당한 이후 발생했던 로마의 내전 중에 마르쿠스 툴리우스 키케로—로마 세계 최고로 강력했던 연사이자 논객—가 암살을 당한다. 그를 제거했던 암살단은 의기양양하게 키케로의 머리와 두 손을 로마로 들여와 모든 사람이 볼 수 있도록 연단에 걸어두었다. 전해지는 이야기에 의하면, 키케로의 강력한 논증에 희생되었던 이들 중 한 명인 마르쿠스 안토니우스의 아내 풀비아는 연단에 걸린 키케로의 머리와 손을 보러 다가간다. 키케로의 절단된 신체를 본 풀비아는 자기 머리에서 핀 하나를 뽑아들고는 죽은 키케로의 혀를 되풀이해 찌른다. 이 장면은 여성의 중요한 장신구 중 하나인 머리핀이 남성의 발언이 생산되는 바로 그 부위를 공격하는 무기로 이용되는 당혹스러운 이미지로 기능한다. 풀비아의 이야기는 필로멜라의 이야기를 뒤집는 일종의 전복적 서사인 셈이다.

여기서 내가 지적하고 싶은 것은 스스로를 비판적으로 인식하는 고대의 전통이다. 이 전통은 내가 앞서 개괄했던 여성 침묵의 근원적 틀에 직접적인 도전을 가하지는 않지만, 그 틀에 내재하는 갈등과 역설을 드러낼 뿐 아니라 남성과 여성의 발언의 본질 및 목적에 대한 더 큰 질문을 주저 없이 제기한다. 우리가 실마리를 얻을 수 있는 곳은 바로 이 지점이다. 여기서 출발하여, 우리가 어떻게 공중 앞에서 발언하는가, 왜 그리고 누구의 목소리가 공적 발언에 어울리는가에 관해 보류해온 질문들을 전면화해야

11. 1896년에 에드워드 번존스가 제작한 놀랍도록 '중세적인' 버전의 장면에서는 목소리를 잃은 필로멜라가 자신의 강간 전말을 뒤에 있는 직물에 짜넣은 것으로 묘사된다.

12. 1880년대, 파벨 스베돔스키는 불안감이 감도는 성애적 버전으로 풀비아를 그려냈다. 풀비아는 몸소 집으로 갖고 돌아온 게 분명해 보이는 키케로의 머리를 바라보며 흡족해하고 있다.

한다. 정작 필요한 과제는 '권위 있는 목소리'라는 말의 의미, 그리고 우리가 그것을 구성하게 된 방식을 의식으로 끌어올리는 작업이다. 구식처럼 들릴지 모르지만 의식화 작업이야말로 긴요한 과제라는 것이 나의 생각이다. 침묵을 강요당하는 현대의 페넬로페들이 현대의 텔레마코스들에게 어떤 대답을 줄 수 있을지 알아내거나, 최소한 무수한 트릭스 양들에게 머리핀을 빌려주기로 결정이라도 내리려면 먼저 이 과제를 수행해야만 한다.

권좌의

여성

1915년, 샬럿 퍼킨스 길먼은 『허랜드Herland』라는 제목의 소설을 출간했다. 흥미로우면서도 분명 동요를 일으킬 만한 줄거리를 담고 있는 소설이었다. 제목이 시사하는 대로 『허랜드』는 아무도 가본 적 없는 머나먼 세계에 2000년 동안 존재해왔던 여성들의 나라—여성들만의 나라—를 다룬 판타지다. 허랜드의 여성들은 참으로 아름다운 이상향에 살고 있다. 청결하고 정갈하며 협동적이고 평화로울—심지어 고양이들조차 더 이상 새를 죽이지 않는다—뿐 아니라 지속 가능한 농업과 맛깔난 음식부터 사회복지와 교육에 이르기까지 모든 면에서 탁월하게 조직된 사회가 허랜드다. 게다가 이 모든 일을 가능하게 만든 것은 기적에 가까운 단 한 가지 혁신이다. 허랜드의 역사 초기, 건국의 어머니들은 어찌된 일인지 모르지만 단성생식parthenogenesis 기술을 완성한 것이다. 세부적인 내용은 다소 불분명하지만 여성들은 어쨌거나 남성을 전혀 개입시키지 않고 여아들만 낳았다. 허랜드에는 성별이 전혀 존재하지 않았다.

이 소설의 줄거리는 미국 남자 세 명이 이상향인 허랜드를 발견하면서 벌어지는 이곳의 붕괴가 전부다. 세 명의 미국 남성은 반다이크 제닝스, 제프

13. 『허랜드』의 이 표지는 길먼 소설이 드러내는 기이한 유토피아 판타지를 잘 포착하고 있다. 이 소설에도 20세기 초반의 인종차별과 우생학 요소들은 예외 없이 나타난다.

마그레이브, 테리 니콜슨이다. 반다이크 제닝스는 선량한 남자로 이 소설의 화자 역할을 맡고 있고, 제프 마그레이브는 허랜드의 여자들에게 추근대다 그야말로 목숨을 잃을 뻔한다. 테리 니콜슨은 간담이 서늘해질 만큼 끔찍한 인물이다. 세 남자가 허랜드에 당도한 후 테리는 이곳에서 일어나는 모든 일을 배후에서 지휘하고 조종하는 남자가 전혀 없다는 사실을 완강하게 거부한다. 여자들이 실제로 모든 일을 운영한다는 것은 상상조차 할 수 없기 때문이다. 그러나 결국 이 사악한 남자는 여성들이 허랜드를 운영하고 관리하는 실체라는 점을 받아들여야만 했고, 이곳에 필요한 것은 약간의 섹스와 남성의 지배라고 결론 내린다. 소설의 결말은 여자들을 지배하려는 테리의 시도 중 하나가 침실에서 끔찍한 결말을 맞은 후 그가 허랜드에서 가차 없이 추방당하는 것이다.

이 소설에는 갖가지 종류의 아이러니가 존재한다. 퍼킨스 길먼이 소설 내내 펼쳐놓는 어이없는 농담 하나는 이곳의 여성들이 자신들이 이룩한 업적을 아예 인식조차 못 한다는 점이다. 이 여성들은 자부심을 가지고도 남을 만한 모범적인 국가를 스스로의 힘으로 건국하고도, 초대한 적 없는 세 명의 낯선

방문객—무골충과 쓰레기쯤으로 분류할 수밖에 없는 남자들—을 마주하자 이들의 역량과 지식과 전문성을 아무 의심도 없이 추종한다. 게다가 이 여성들은 외부에 존재하는 남성의 세계를 향해 일정 정도의 경외감까지 품게 된다. 이들은 이상향을 직접 창조해놓고도 자신들이 그 세상을 못쓰게 만들었다고 생각한다.

그러나 소설 『허랜드』가 제기하는 질문들은 더 근원적이고 크다. 여성이 자신의 힘을 어떻게 알아보는가에 관한 질문, 그리고 우리가 서구의 문명세계에서 최소한 수천 년 동안 스스로에게 이야기해왔고 지금도 하고 있는 이야기, 때로는 재미있고 때로는 무시무시한 이야기들에 관한 질문들이다. 여성은 권력의 자리에서 힘을 행사하거나 행사하려고 노력하는 여성들을 어떻게 봐야 한다고 학습해왔는가? 정치 분야나 일반 직장 내 여성혐오의 문화적 토대와 형식은 무엇인가(어떤 종류의 여성혐오가, 무엇 혹은 누구를 겨냥하여, 어떤 말이나 이미지를 사용하여 자행되었으며 이는 어떤 결과를 낳았는가)? 우리가 머릿속에 담고 있는 '힘'(혹은 '지식'과 '전문성'과 '권위')을 규정하는 종래의 정의들은 여성을 어떻게 그리고 왜 배제시키는가?

다행히 50년 전은 말할 필요도 없고 10년 전과 비교해봐도 더 많은 수의 여성이 소위 '권력의 요직'이라고 모두가 인정할 만한 자리에 앉아 있다. 정치가든 국회의원이든 경찰국장이든 경영진이든 최고경영자든 판사든 어느 자리를 막론하고 권력의 요직에 있는 여성의 숫자는 아직 소수에 불과하지만 그래도 숫자가 늘고 있는 것만은 분명하다.(한 가지 통계만 들자면 1970년대 영국 의회 내 여성 의원의 비율은 약 4퍼센트에 불과했던 반면 오늘날에는 약 30퍼센트다.) 하지만 나의 기본 전제는 권좌에서 힘을 행사하는 사람에 대한 우리의 정신적, 문화적 틀은 여전히 남성의 것이라는 점이다. 눈을 감고 대통령의 이미지를 떠올려보라. 아니면 지식 경제로 생각을 돌려 어떤 교수의 이미지를 떠올려보라. 대부분의 사람에게 떠오르는 교수의 이미지는 여성의 모습을 하고 있지 않다. 심지어 현재 교수 노릇을 하고 있는 여성이라도 예외가 아니다. 문화적 고정관념이 어찌나 강력한 힘을 발휘하는지, 눈을 감은 상상 수준에서는 나조차나 혹은 나와 같은 여성이 교수라는 내 역할을 맡고 있는 모습을 떠올리기가 쉽지 않다. 시험 삼아 '만화 관련 교수'라는 구절을 영국 구글 이미지 검색 창에 입력해봤다. '만화 관련 교수'라는 구절을 선택한 것은 가상의 교수를 이용함으로써 나의 표적이 현실 속 교수가 아니라 문화적 틀이라는 것을 확실히 해두기 위함이었고, 검색 범위를 '영국'으로 한정한 것은 '교수'를 정의하는 미국의 다른 용법을 배제하기 위함이었다. 검색 결과로 나온 첫 100개 교수 이미지 중 여성은 포켓몬 농장의 홀리 교수 단 한 명뿐이었다.

요컨대 우리에게는 힘을 행사하는 여성이 어떤 모습인지를 보여주는 견본이나 본보기가 전혀 없다. 그나마 딱 하나 본보기가 있다면 힘을 행사하는 여성은 남자 같은 모습이라는 것 정도다. 정형화된 바지 정장 혹은 최소한 바지 차림은 앙겔라 메르켈부터 힐러리 클린턴까지 수많은 서구의 여성 정치 지도자가 즐겨 입는 의복으로 편리하고 실용적일 수 있다. 이러한 차림은 옷에 지나치게 신경 쓰는 여자—무수한 정치가 아내들의 운명이 바로 수시로 옷을 갈아입는 역할이지 않은가—가 되지 않겠다는 거부의 신호일 수 있다. 하지만 동시에 이러한 옷차림은 여성을 남성과 더 비슷한 모습으로 만들어 이들이 쥐고 있는 권력에 걸맞게 만들려는 단순한 전략—목소리 톤을 낮게

하는 것과 같은 전략—이기도 하다. 엘리자베스 1세(혹은 그녀의 유명한 연설문을 만들었던 다른 인물)는 자신이 '국왕의 마음과 배포'를 갖추고 있다고 말했던 그 순간 게임의 규칙이 무엇인지 정확히 인지하고 있었다. 그리고 '새터데이 나이트 라이브Saturday Night Live'에서 션 스파이서 전 백악관 언론 담당 비서관을 패러디했던 멜리사 매카시의 연기가 그토록 효과적이었던 것 역시 여성을 권력에서 배제시킨다는 관념 때문이었다미국 NBC 방송의 코미디 프로그램 「새터데이 나이트 라이브」가 도널드 트럼프 대통령과 참모진을 기막히게 풍자하는 코너로 인기를 끌던 시기, 션 스파이시가 여성 연기자 멜리사 매카시에 의해 풍자 대상이 되었던 사건. 당시 매카시는 스파이서로 분장하고 정례 브리핑에서 기자들에게 소리를 질러가며 억지 주장을 펼치는 그의 모습을 똑같이 연기해 시청자들을 포복절도하게 만들었다. 전해지는 바로는 트럼프 대통령은 자신의 정권에 대한 다른 풍자들보다 매카시의 풍자 때문에 특히 약이 올랐다고 한다. '트럼프 대통령과 가까운 소식통' 중 한 명에 따르면 '대통령이 자기 쪽 인물이 나약해 보이는 것을 탐탁지 않아 하기 않기' 때문이라는 것이었다. 대통령의 전언을 해석해볼까. 그 말이 실제로 의미하는 바는 트럼프가 자기 휘하에 있는 남자들이 여자들에 의해,

여자처럼 풍자 대상이 되는 것을 좋아하지 않는다는 뜻이다. 나약함은 여자들에게나 어울리니까.

여기서 도출되는 결론. 여성들은 여전히 권력 바깥에 속한 존재로 인식되고 있다. 우리 여성들은 여성이 권력 내부로 들어가기를 간절히 바랄 수도 있다. 하지만 아닐 수도 있다. 여성들은 권력의 중심부로 들어가는 데 성공한 다른 여성들을 은연중에 무단침입자 취급하는 것일 수도 있다. 물론 이러한 취급은 의식적으로가 아니라 다양한 무의식적 수단을 동원해 이루어진다. (나는 케임브리지 대학 캠퍼스를 아직도 기억하고 있다. 그곳 대부분의 칼리지에서는 여자 화장실이 지하 한적한 곳에 처박혀 있어, 법정 두 곳과 복도를 한참 지나 계단으로 내려가야만 했다. 나는 이 사실이 어떤 메시지를 숨기고 있는 것은 아닌지가 늘 궁금했다.) 분명한 사실은 권력에 대한 여성의 접근에 관해 우리가 공통적으로 사용하는 비유—'문 두드리기' '요새 급습' '유리천장 부수기' 혹은 '담장 오르는 사람 발 받쳐주기' 따위—는 여성이 권력과 힘의 외부에 위치한다는 통념을 기저에 깔고 있다는 점이다. 권력의 중심부로 들어간 여성들은 장벽을 부수었다고 간주되거나 자신의 자질에 과분한 무언가를 빼앗았다는 평가를

14. 앙겔라 메르켈과 힐러리 클린턴이 함께한 모습을 촬영한 사진. 두 사람 다 여성 정치가의 유니폼 격인 바지 정장 차림을 하고 있다.

받는다.

2017년 초 『타임스』의 1면 기사 제목은 이런 통념을 기막히게 포착해냈다. 여성들이 머지않아 런던 경찰청장과 BBC 이사장과 런던 주교 자리를 얻을 가능성을 보도하는 기사 상단에는 '여성들, 교회와 경찰과 BBC의 권력을 낚아챌 채비'라고 쓰여 있었다.(이러한 예측이 현실이 된 유일한 사례는 크레시다 딕이 런던 경찰청장으로 취임한 것이다.) 물론 제목을 붙인 언론인 또한 독자의 주의를 '낚아채기' 위해 월급을 받는다. 그렇다 해도 여성이 런던의 주교가 될 가능성을 '권력 낚아채기'로 제시할 수 있다는 관념—그리고 수천수만 명의 독자가 이런 표현을 읽고도 눈 하나 깜짝하지 않았다는 사실—은 여성과 권력 간의 관계에 대한 우리의 문화적 가정을 전보다 더 면밀히 살펴봐야 한다는 확실한 징후다. 직장 내 보육 시설, 가정 친화적 시간들, 멘토링 제도 등의 실용적인 일들은 여성의 권한을 증대시키는 중요한 쟁점이지만, 이들은 우리가 해야 할 일의 일부에 불과하다. 여성 일반—단지 소수의 결단력 있는 여성 개개인이 아니라 한 성별로서의 여성 전체를 말하는 것이다—에게 권력 구조 내의 자리를 주고 싶다면, 여성들이 지금처럼 생각하는 이유와 방식에 관해 더 진지하게 고민해봐야 한다. 어떤 문화적 원형이 있어 그것이 여성들의 영향력을 빼앗는 쪽으로 작동하고 있다면, 작동하는 그것은 정확히 무엇이며 어디서 습득되는 것인가?

이쯤에서 다시 고대 세계로 돌아가는 것이 유용한 출발점을 제공해줄 듯싶다. 우리가 인식하는 것 이상으로, 그리고 때로는 꽤 충격적일 만큼 우리는 아직도 고대 그리스의 관용어를 통해 권력 안팎의 여성에 대한 관념을 표상한다. 언뜻 보기만 해도 그리스 신화와 전승의 레퍼토리 속에는 강력한 여성 인물들이 존재한다. 현실 속 고대 여성들은 공식적인 정치적 권리를 누리지 못했고 경제적으로나 사회적으로도 거의 독립적이지 못했다. 아테네와 같은 일부 도시에서 '점잖은' 엘리트 계층의 기혼 여성들은 집 밖에서는 거의 모습을 보이지 않았다. 반면 구체적으로는 아테네 연극, 일반적으로는 그리스인들의 상상력은 현대를 사는 우리의 상상력에 잊을 수 없는 여성상을 제공해왔다. 그중에서도 독보적인 인물은 메데아, 클리템네스트라 그리고 안티고네다.

그러나 이 고대의 여성들은 우리의 역할모델이 아니다. 오히려 그런 모범과는 완전히 동떨어져 있다고 해야 맞다. 이 여성들은 대개 권력을 활용한 인물이 아니라 남용한 인물로 그려진다. 이들은 권력을 부당하고 위법적으로, 다시 말해 혼돈과 국가의 균열, 죽음과 파멸을 초래하는 방식으로 갈취한다. 이 여자들은 괴물 같은 잡종이며, 그리스인들이 의미하는 바로는 전혀 여성이 아니다. 그리고 그리스인들의 이야기가 지니는 단호한 논리는, 이 여자들의 영향력은 다시 박탈해야만 한다는 것, 이들은 원래 있던 자리로 되돌아가야만 한다는 것이다. 사실 그리스 신화 속 여성들이 권력을 쥠으로써 초래하는 곤경은 현실에서 여성을 권력에서 배제시켜야 할 필요성과 남성의 지배를 정당화하는 중대한 근거다.(허랜드의 여성들로 하여금 자신들이 모든 것을 엉망진창으로 망가뜨렸다고 생각하는 쪽으로 서사를 끌어나간 길먼 퍼킨스의 의도는 이러한 남성들의 논리를 부드럽게 풍자하는 것이었다고밖에 볼 수 없다는 게 내 생각이다.)

오늘날까지 남아 있는 그리스 연극 중 가장 오래된 작품으로 기원전 458년에 초연된 아이스킬로스의 「아가멤논」을 보면, 주인공과

대적하는 여성 인물인 클리템네스트라가 남성 지배를 정당화하는 이러한 이데올로기를 지독히 압축해 보여주고 있음을 발견하게 된다. 이 극에서 클리템네스트라는 남편이 트로이 전쟁에 나가서 싸우는 동안 도시의 유능한 통치자가 된다. 그리고 그 과정에서 그녀는 더 이상 여성이 아닌 모습으로 변모한다. 아이스킬로스는 클리템네스트라를 가리킬 때 남성 용어와 남성성의 언어를 되풀이해 사용한다. 가령 첫 몇 줄에서 클리템네스트라의 성격은 안드로보울론androboulon이라고 묘사된다. 깔끔하게 번역하기는 힘들지만 대략 '남성의 목적을 지닌' 혹은 '남성처럼 생각하는'이라는 뜻으로 쓰이는 말이다. 그리고 물론 클리템네스트라가 부당하게 행사하는 권력은 아가멤논이 돌아오자마자 목욕 중인 남편을 살해하는 파괴적인 목적에 이용된다. 가부장제의 질서는 클리템네스트라의 자식들이 자기 어머니를 살해하기 위해 공모할 때 비로소 복구된다.

그리스 작가들이 그리스 국경 북쪽 어딘가에 존재한다고 말하는 신화상의 아마존 종족 이야기 속에도 유사한 논리가 존재한다. 허랜드의 평화로운 여성들보다 난폭하고 호전성이 강한 무리인 아마존의 괴물들은 언제나 그리스와 그리스인들의 문명세계를 괴멸시키겠다며 위협하는 존재였다. 현대 페미니스트들은 아마존의 여성들이 과거에 실재했다는 것을 입증하는 데 엄청난 에너지를 낭비해왔다. 여성들이 여성을 위해 나라를 통치했던 사회가 역사상 실재했을 가능성은 실로 매혹적이긴 하다. 그러나 망상은 자유다. 냉혹한 진실은 아마존 사회가 그리스 남성들의 신화였다는 것이다. 이들이 이 신화를 통해 던지고자 했던 근원적 메시지는, 유일하게 선한 아마존 여자가 있다면 그것은 죽은 여자, 혹은 『허랜드』의 끔찍한 테리로 돌아가서 침실에서 지배당하는 여자뿐이라는 것이었다. 여기에는 여성들의 통치로부터 문명을 구하는 것이 남성의 의무였다는 더 본질적인 요점이 도사리고 있다.

확실한 형태의 여성 권력이 고대에 존재했던 것처럼 보이는 사례들이 이따금씩 있다는 것은 사실이다. 현대 연극 무대에서 단골 메뉴로 상영되는 고대 연극 중 하나는 아리스토파네스의 「리시스트라타Lysistrata」라는 희극이다. '리시스트라타'라는 제목은 주인공 여성의 이름에서 온 것으로 알려져 있다. 기원전 5세기 말에 쓰인

15. 19세기 후반 프레더릭 레이턴이 클리템네스트라를 그린 회화. 조각상을 닮은 레이턴의 클리템네스트라 또한 남자인지 여자인지 알 수 없는 의상을 걸치고, 두툼한 양팔로 남성성을 강조하는 몸짓을 취한 모습으로 재현되어 있다.

이 희극은 오늘날에도 여전히 인기 있는 작품으로 자주 선정되어 공연된다. 지식인의 고전과 거침없는 페미니즘, 전쟁 종식이라는 쟁점, 그리고 간간이 양념처럼 뿌려져 있는 외설을 완벽하게 결합시켜놓은 코미디보다 좋은 공연거리가 어디 있겠는가(게다가 이 작품은 저메인 그리어오스트레일리아 태생의 작가, 교수, 저널리스트이자 영문학 연구자로 20세기 후반의 가장 중요한 페미니스트 중 한 사람으로 꼽히고 있는 인물이다. 논란을 일으킨 대표작으로 『여성, 거세당하다The Female Eunuch』가 있다가 직접 번역하기도 했다). 「리시스트라타」는 아테네 여성들의 집단 잠자리 파업을 다룬 이야기로서, 신화 속의 세계가 아니라 동시대 아테네 세계를 배경으로 하고 있다. 리시스트라타의 주도하에, 아테네 여성들은 남편과의 잠자리를 무기 삼아 남자들이 질질 끌고 있던 스파르타와의 전쟁을 끝내라고 종용한다. 이들은 남편들이 전쟁을 종식시킬 때까지 잠자리를 거부하겠다며 나선다. 아테네 남자들은 극이 진행되는 대부분의 시간 동안 발기한 상태로 돌아다녀야 하는 불편을 감내한다(오늘날 이 극을 공연하는 극단의 의상팀은 이 남자들의 의상 마련 문제로 난감해하면서도 재미있어한다). 결국 남자들은 불편한 상태를 견디지

16. 기원전 5세기에 제작된 아테네의 항아리. 아마존 종족과 그리스인 간의 전쟁 장면이 새겨져 있다. 아마존인들은 무늬가 있는 '우주복 비슷한 옷'이나 솜씨 좋게 지은 튜닉을 입고 있다. 이 그림을 보는 고대 그리스인들은 이런 양식의 옷에서 당시 그리스가 실제로 마주하고 있던 적인 페르시아인을 떠올렸을 것이다.

못하고 여자들의 요구에 굴복하여 전쟁을 종식시킨다. 이쯤 되면 여성의 권력이 꽤나 근사하게 발현된 것이라는 생각이 들 수도 있다. 아테네의 수호신인 아테나가 긍정적인 쪽에서 이용되는 경우도 왕왕 있는 셈이다. 전쟁의 여신인 아테나가 여성이라는 단순한 사실은 여성들의 힘이라는 가상의 영역의 미묘하면서도 함축적인 버전을 시사하는 것이 아닐까?

유감스럽지만 그렇지 않다는 게 내 생각이다. 멀리 갈 것도 없고 깊이 들어갈 것도 없다. 그저 15세기의 환경으로 연극을 옮겨놓기만 해도 「리시스트라타」는 전혀 다른 풍경을 드러낸다. 첫째, 아테네의 관습에 따르면 원래 이 극을 공연하는 배우나 관람하는 관객 모두 남성이었기 때문에, 극에 등장하는 여성은 분명 남자 배우가 무언극의 여주인공처럼 몸짓으로 연기했을 것이다. 둘째, 연극의 대단원에 이르면 여성이 권력을 행사한다는 판타지는 가차 없이 짓밟힌다. 이 또한 중요하게 고려해야 할 사실이다. 마지막 장에 나타나는 평화란 나체의 여자(혹은 나체의 여자로 변장한 남자)를 무대로 끌어내는 것이다. 이때 벌거벗은 여자는 그리스의 지도 취급을 받는다. 아테네와 스파르타의 남성들은 이 지도를 나누어

17. 막판에 반하다. 기원전 6세기에 아테네에서 제작된 이 도자기에는 그리스의 영웅 아킬레스가 아마존의 여왕 펜테실레이아를 죽이는 장면이 그려져 있다. 아킬레스가 창으로 펜테실레이아를 찌르는 순간 이들은 사랑에 빠진다. 하지만 너무 늦었다.

18. 2015년 공연된 「리시스트라타」의 포스터. 유명한 '리벳공 로지'(제2차 세계대전 당시 전쟁터로 나간 남자들 대신 공장과 조선소로 일하러 가는 미국 여성을 나타내는 미국 문화의 아이콘. 이들은 주로 탄약과 전쟁 물품 생산에 동원되었다. 원래는 정부가 여성의 노동을 장려하기 위해 이용했으나 나중에는 페미니즘과, 여성의 경제력의 상징으로 주로 사용된다—옮긴이)의 이미지를 고대 그리스 여성의 이미지와 결합시켜놓았다. 페미니즘의 주먹을 한 방 날리기 위함이다.

19.「리시스트라타」를 현대극으로 공연할 때 자주 제기되는 문제는 섹스에 굶주린 남성들의 발기 상태를 재현하는 것이다. 위의 사진은 최근에 제작된 연극에서 어떤 해결책을 사용했는지를 보여준다. 케첩 용기처럼 내용물을 짜서 빼는 용기를 길게 제작한 다음 남자들의 성기로 사용했다.

갖는다. 여성의 나신을 지도에 비유하여 분할하는 장면은 포르노그래피를 방불케 하는 불편함을 자아낸다. 이런 풍경에 페미니즘의 원형 따위가 들어설 여지는 그리 많지 않아 보인다.

아테나 여신에 관해서도 생각해보자. 현대 교과서에 등장하는 고대 그리스의 신들과 여신들의 이항대립 구도('제우스는 신들의 왕, 헤라는 제우스의 아내')에서 아테나가 여성의 편에 나타난다는 것은 사실이다. 그러나 고대의 맥락에서 보았을 때 아테나와 관련된 중요한 사실은 이 여신 또한 난감한 혼종 중 하나라는 점이다. 그리스적 의미에서 보면 아테나는 전혀 여성이 아니다. 우선 아테나는 전사 차림을 하고 있다. 당시 전투는 남성만의 전유물이었다(물론 이 사실 또한 아마존 여성들이 신화 속 존재일 수밖에 없는 근원적 이유다). 게다가 아테네 여신은 처녀다. 당시 여성이라는 성의 유일한 존재 이유는 새로운 시민을 낳는 것이었다. 그뿐만이 아니다. 아테나는 어머니의 자궁을 빌려 태어난 것이 아니라 아버지 제우스신의 머리에서 곧바로 나온 존재다. 이런 의미에서 아테나 여신은 여성들이 사적인 곳을 벗어나지 못할 뿐 아니라 아예 존재조차 필요 없을 수도 있는 이상적인 남성 세계를 엿볼 수 있게 해준 존재나 다름없다.

간단하지만 짚고 넘어가야 할 매우 중요한 문제가 있다. 서양의 역사를 가능한 한 멀리 거슬러 올라가 살펴보면, 여성과 권력 간의 철저한 분리—실제적, 문화적, 가상적 분리—가 존재한다는 것을 발견할 수 있다. 그러나 아테나 여신이 차려입은 의상에는 이 문제가 오늘날 우리가 사는 시대까지 이어지고 있음을 나타내는 품목이 하나 있다. 아테나 여신을 묘사한 대부분의 이미지에 변함없이 등장하는 품목이다. 여신의 갑옷 정중앙, 그녀의 흉갑에 고정되어 있는 여자의 머리. 머리에 붙은 머리카락은 몸부림치는 뱀의 형상을 하고 있다. 바로 메두사의 머리다. 메두사는 고르곤이라 알려진, 신화 속 세 자매 중 한 명으로서 여성의 권력이라는 가능성이 표상하는 파멸적 위험을 남성이 견제하고 있음을 나타내는 가장 강력한 상징 중 하나였다. 메두사의 머리가 늘 잘린 채로 등장하는 것은 결코 우연이 아니다. 여성이 아닌 게 분명한 이 여신은 메두사의 잘린 머리를 장신구 삼아 자랑스레 전시하고 있다.

메두사의 이야기는 다양한 모습으로 고대인들에 의해 변주되었다. 그중 유명한 하나의 버전에서

20. 파르테논 신전의 아테나 여신상을 본떠 소형으로 만든 고대 로마의 석상. 이 석상은 방패와, 가슴을 가리는 갑옷인 흉갑부터 손에 들려 있는 승전의 이미지까지 아테나 여신의 남성적 측면을 포착해놓았다. 흉갑 중앙에 메두사의 머리가 자리 잡고 있다.

메두사는 아테나의 신전에서 포세이돈에게 강간당한 미녀로 나온다. 아테나는 메두사가 신성을 모독한 데 대한 처벌로 그녀를 재빨리 괴물—보는 사람을 즉시 돌로 변하게 만드는 무시무시한 괴물—로 둔갑시킨다(여기서 주목할 점은 벌을 받는 존재가 강간을 저지른 포세이돈이 아니라 강간을 당한 여인인 메두사라는 것이다). 훗날 이 여자를 죽이는 것은 페르세우스라는 영웅의 사명이 된다. 페르세우스는 메두사의 머리를 직접 보지 않고 죽이기 위해 반들거리는 방패를 거울 삼아 메두사의 머리를 벤다. 처음에 그는 메두사의 머리를 무기로 썼다. 그녀의 머리는 잘린 다음에도 쳐다보는 자를 돌로 만드는 괴력을 잃지 않았기 때문이다. 그다음 페르세우스는 그 머리를 아테나에게 바치고, 아테나는 그것을 자신의 갑옷에 달아 전시한다(이 사건이 주는 메시지는 여신을 직접 보지 않도록 조심하라는 것이다).

메두사의 머리카락이 뱀의 형태를 띠고 있는 것을 남근에 대한 묵시적 요구로 보는 데 프로이트까지 동원할 필요는 없다. 메두사의 이야기는 여성의 온당치 못한 권력에 맞서 남성의 지배를 되찾으려는 격렬한 과정을 적나라하게 드러내는 대표적인 신화다.

21. 기원전 6세기에 제작된 아테네 도자기. 여기에 그려진 기이한 판타지 형식의 출산 장면에서 아테나는 제우스의 머리에서 바로 태어난다. 다른 신과 여신들이 그 모습을 쭉 지켜보고 있다. 그리스 신화의 광기가 보여주는 불편하지만 중요한 핵심은 완전한 세계의 출산에는 굳이 여성이 필요하지 않다는 점이다.

서구의 문학과 예술과 문화는 끊임없이 그 신화로 회귀해왔다. 피 흘리는 메두사의 머리는, 아무도 봐서는 안 되는 대상을 표상하는 화가의 힘에 대한 질문이 득실거리는 근대 거장들의 그림에서 익숙하게 볼 수 있는 광경이다. 1598년 카라바조는 잘린 메두사의 머리에 자신의 이목구비를 그려넣은 범상치 않은 버전의 메두사 그림을 제작했다고 전해진다. 피가 분출하는 그의 머리는 공포에 가득 차 비명을 지르고 있고 뱀들은 여전히 몸을 버둥거리고 있다. 그로부터 불과 몇십 년 전, 벤베누토 첼리니16세기 이탈리아의 조각가이자 금속공예가는 메두사의 머리를 벤 영웅 페르세우스를 거대한 청동상으로 제작했다. 이 청동상은 아직도 피렌체의 시뇨리아 광장에 서 있다. 페르세우스는 짓이겨진 메두사의 시체를 밟고 서서 베어낸 머리를 공중에 쳐들고 있는 모습으로 묘사되어 있다. 여기서도 잘린 머리에서는 피와 끈적끈적한 내용물이 쏟아져 나온다.

놀라운 점은 메두사의 머리 베기가 오늘날까지도 여성의 힘에 대한 반발을 표상하는 문화적 상징으로 기능하고 있다는 것이다. 앙겔라 메르켈의 이목구비는 카라바조의 회화 속 형상에 되풀이해서 포개져왔다.

22. 용감무쌍한 승리의 과시인가 아니면 가학적 여성혐오인가? 벤베누토 첼리니의 석상에서 페르세우스는 메두사의 시체를 밟고 선 채 잘린 머리를 쳐들고 있다. 이 모습은 바로 뒤에 있는 석상과 묘하게 어울린다. 뒤의 석상은 그리스의 영웅 아킬레스가 트로이의 공주를 강압적으로 납치하는 모습을 묘사하고 있다.

여성 정치인을 메두사에 비유하는 행태 중 카라바조의 사례보다 더 얼간이 같은 사례를 또 하나 살펴보자. 영국 경찰연합Police Federation, 영국 경찰 노조 회보에 실린 한 칼럼은 테리사 메이가 내무장관으로 재직하던 시절 그녀를 '메이든헤드Maidenhead의 메두사런던 서부 버크셔주의 메이든헤드 지역 선거구에서 보수당 소속 하원의원으로 당선되었던 메이의 이력을 빗대어 한 말'라고 불렀다. 『데일리 익스프레스』 지는 이에 대해 다음과 같은 대응 격 논평을 내놓았다. '메이 장관을 메두사에 비유한 처사는 다소 지나친 감이 있다. 메이 여사가 깔끔하게 정돈된 머리매무새를 하고 있다는 것은 다들 알고 있지 않은가.' 그리고 2017년 노동당 회의에서 유통되던 한 풍자만화에는 '메이두사Maydusa'라는 이미지가 실려 있었다. 물론 뱀 머리카락 등 메두사를 닮은 형상의 이미지다. 그러나 브라질의 여성 대통령 지우마 호세프에 비하면 메이는 그나마 가볍게 넘어간 셈이다. 브라질 대통령으로 재직하던 시절 호세프는 어쩔 수 없이 싫은 일을 억지로 떠맡아야 했다. 상파울루에서 카라바조의 전시회를 개최해야만 했던 것이다. 「메두사」도 당연히 전시 작품 목록에 들어 있었고 호세프는 그 회화 앞에서 사진 촬영을 당해야만 했다. 결국 그 사진은 호세프를 나타내는 대표적인 상징이 되었다.

하지만 뭐니 뭐니 해도 메두사를 둘러싼 메시지를 가장 극명하고 끔찍하게 드러내는 것은 힐러리 클린턴의 사례다. 누구나 예상했듯 트럼프 지지자들은 힐러리 클린턴에게 뱀 머리카락을 붙인 이미지를 무수하게 양산해냈다. 그중에서도 가장 잊기 힘든 섬뜩한 이미지는 벤베누토 첼리니의 청동상을 변조시킨 것이다. 이것은 이미지를 만든 자들의 의도에 카라바조보다 훨씬 더 어울렸다. 이 변조물에는 영웅을 상징하는 남성 살해자(페르세우스)까지 포함되어 있었기 때문이다. 트럼프의 얼굴을 페르세우스의 얼굴에 포개고 클린턴의 얼굴을 잘린 머리에 붙이기만 하면 이미지는 간단히 완성되었다(취향 때문이었는지 원래 청동상에 있던 이미지, 즉 페르세우스가 밟고 서 있던 짓이겨진 메두사의 몸은 변조물에서 누락되었다). 이 이미지가 등장하는 웹사이트의 컴컴한 구석을 탐색하다보면 오바마를 표적으로 삼은 꽤 불쾌한 이미지도 없지는 않다. 하지만 그런 이미지들은 잘 찾을 수도 없는 후미진 곳에 숨어 있다. 그뿐만이 아니다. 미국 텔레비전에서는 참수당한 가짜 트럼프 머리가 등장했다. 그야말로 과감한 풍자였다 케이시 그리핀이라는 여성 배우이자 코미디언이 참수한 트럼프의 머리 형상을 들고 나와 사진을 찍은 것이 논란을 빚은 사건을 가리킨다. 하지만 이 사건의 주인공이었던 여성 코미디언은 이로 인해 직장을 잃었다이 사건 이후 그리핀은 CNN에서 출연 정지를 당했다. 반면 피를 뚝뚝 떨어뜨리는 메두사—클린턴의 머리를 자랑스레 쳐들고 있는 페르세우스—트럼프의 이미지는 미국인들의 일상을 장식하는 데 크게 일조했다. 이 장면을 찍어넣은 티셔츠나 탱크톱, 머그잔, 휴대용 컴퓨터 가방과 토트백은 얼마든지 구입 가능하다(이러한 상품에는 때로는 트라이엄프TRIUMPH, 승리라는 의미다, 때로는 트럼프TRUMP라는 로고까지 박혀 있다). 잠깐만 살펴봐도 성별화된 폭력이 도처에서 정상적인 것으로 간주되는 실상을 알 수 있다. 혹여 권력으로부터의 여성 배제가 우리 문화 속에 어느 정도 깊숙이 각인되어 있는지 확신이 들지 않는다면, 혹은 권력의 여성 배제를 공식화하고 정당화하는 고전적 방식의 지속력이 도저히 믿기지 않는다면 트럼프와 클린턴, 페르세우스와 메두사를 보시라. 내 말의 의미를 실감할 수 있을 것이다.

이러한 사태에 대해 우리가 실제로 해야 하는 것이 무엇인지 논하지 않은 채 글을 마무리 짓는 것은 미진한 처사일 것이다. 여성을 권력 내부에 다시 위치시키려면 무엇이 필요할까? 일단 여기서 개별 여성과 관련된 문제와, 여성 일반과 관련된 문제는 구분해서 따로 생각해야 한다는 것이 나의 견해다. '권력 내부로 들어가는 일을 해낸' 여성들 중 일부를 살펴보면, 이들의 성공을 이끈 전략과 전술이 단지 남성의 관행 및 어법을 흉내 내는 것으로 집약되는 것만은 아님을 알게 된다. 힘을 행사하는 지위에 오른 많은 여성의 공통점 중 하나는 이들이 여성의 나약함으로 간주되는 상징을 자신에게 유리한 쪽으로 변모시키는 능력을 갖고 있다는 것이다. 마거릿 대처는 핸드백으로 그러한 능력을 입증해 보인 듯하다. 고정관념상 여성다움을 확연히 드러내는 상징으로 작용하는 액세서리를 정치권력의 동사로 변모시킨 것이다. 대처로 인해 생겨난 '핸드배깅하다to handbag'라는 신조어는 이를 잘 보여주는 사례다대처는 재임 기간에 대내외 정책을 결정하는 중요한 회의에서 매번 핸드백을 팔에 걸고 등장한 것으로 유명하다. 수상이 탁자 위에 '탁' 하고 핸드백을 올려놓으면 회의에 참석했던 고위급 각료들이 땀을 뻘뻘 흘렸다는 일화도 전해진다. 그녀의 핸드백은 정적과 무능한 각료들에게 대항하는 무기라는 상징성을 갖게 되었고 급기야 『옥스퍼드 영어사전』은 '핸드백하다'라는

23. 카라바조가 그린 메두사의 머리는 여성 정치가들의 '참수' 이미지로 끊임없이 복제되고 있다. 이 사진에서는 앙겔라 메르켈과 힐러리 클린턴이 메두사 취급을 받고 있다.

24. 불편한 기념품? 2016년 미국 대선에서 도널드 트럼프의 지지자들은 골라잡을 만한 이미지들이 차고 넘쳤다. 그중에서도 페르세우스로 분한 트럼프가 메두사로 분한 힐러리 클린턴의 머리를 쳐들고 있는 이미지는 단연 압권이었다.

동사를 등재하여 '여성 정치가가 타인이나 아이디어를 공세적으로 대하다'라는 정의를 제공하게 된다. 나 또한 아주 젊은 시절 대처와 비슷한 일을 벌인 적이 있다. 교수직을 얻기 위해 첫 면접을 보러 갔을 때였다. 공교롭게도 당시는 대처 수상의 전성기였다. 나는 면접 때 신으려고 블루스타킹을 따로 샀다. 블루스타킹은 내가 평소에 선택하는 패션 아이템은 아니었지만 이것을 택한 근거만큼은 당시 나로서는 꽤 만족할 만한 것이었다. '당신네 면접관들이 내가 정말 블루스타킹bluestocking, 문학을 좋아하거나 문인을 자처하는 여성 혹은 유식한 여자들을 비하하는 투로 부르는 말. 1750년경 런던에서 사교계의 몬터규 부인 등이 정기적으로 열었던 문학 살롱의 별명에서 유래되었다. 이들은 당시 상류사회 여성들의 살롱 문화였던 카드놀이나 잡담 대신 저명한 문사들을 초청해 지적 토론을 즐겼다. 참석자 중 한 명이 당시의 예법에 맞지 않게 청색 양말을 신은 것을 비웃는 의미로 모임에 블루스타킹 소사이어티라는 별명이 붙게 되었다. 18세기 말과 19세기 초에는 여성 참정권자들을 빗댄 말로도 쓰였다. 1969년『성의 변증법』의 저자 슐라미스 파이어스톤 등이 설립한 '레드스타킹스Redstockings'는 미국의 급진적 페미니즘을 대표하는 단체 중 하나로서 '블루스타킹'에 혁명좌파를 상징하는 빨간색을 더해 붙여진 이름이다이라고 생각할 작정이라면, 내가 이미 당신네 생각을 빤히 꿰고 선수를 쳤다는 걸 알려드리지' 하는

25. 마거릿 대처가 각료 중 한 명인 가엾은 케네스 베이커를 '핸드배깅하고' 있다.

심산이었던 것이다.

영국 총리 테리사 메이는 현재로선 예단하기가 이르지만 훗날 되돌아볼 때 실패하기 위해 권력 내부로 들어간—결국 그 안에 갇혀버린—여성 정치인으로 그녀를 평가하게 될 공산이 커지고 있다.(지금 나는 메이를 클리템네스트라에 비견될 정치인으로 그리지 않으려 애쓰고 있지만 잘 될지는 모르겠다.)클리템네스트라의 남편 아가멤논이 트로이 전쟁에 나가 싸우는 동안 그녀는 미케네의 실질적 책임자였고 남편을 살해한 후 미케네를 다스렸지만 결국 아들에 의해 살해되면서 그녀의 지배는 실패로 돌아간다. 2017년 브렉시트 사태 이후 비어드는 브렉시트가 그리스 비극처럼 될 것을 우려하며 메이가 실패한 클리템네스트라가 될 가능성이 있다고 말한 바 있다. 하지만 메이의 '구두 사건메이는 신발에 대한 다양한 취향 덕에 표범무늬 키튼힐이나 핫핑크 리본 슈즈를 신어 유명세를 치른 바 있다'과, 그녀가 애용하는 키튼힐이 남성의 틀 속으로 순순히 끌려 들어가지 않으려는 저항을 보여주는 방식 중 하나라는 것만은 확실히 감지된다. 메이는 또한 대처가 그랬듯 전통적 보수당인 토리당 내 남성 권력이라는 무기고의 아킬레스건을 꽤 능숙하게 활용한다. 그녀가 남성 중심의 사교 클럽에 어울리는 세계에 속하지 않는다는 사실, 그녀가 '은밀한 남성 클럽의 구성원'이 아니라는 사실은 때로 그녀가 독립된 영토를 스스로 개척하는 데 도움이 되었다. 결국 메이는 배제로부터 힘과 자유를 얻은 셈이다. 게다가 메이는 '맨스플레인mansplaining, '남성man'과 '설명하다explain'라는 단어를 합성하여 만든 신조어로, 주로 남자가 여자에게 훈계하듯 뭔가를 설명하는 일을 가리킨다'에 알레르기를 일으키는 것으로 유명하다.

많은 여성은 이러한 견해와 묘책들을 공유할 수 있을 것이다. 하지만 내가 풀고자 노력해왔던 큰 문제들은 현 상태를 활용하는 방법을 조언하는 것으로는 해결되지 않는다. 인내와 끈기야말로 답이라고 생각하는 것도 아니다. 물론 점진적 변화는 분명히 일어날 것이다. 사실 영국 여성들이 투표권을 행사하게 된 지가 100여 년에 불과하다는 사실을 고려해보면, 여성과 남성들이 일으킨 혁명에 대해 잊지 않고 자축해야 한다는 점만큼은 자명하다. 그렇다 해도 여성들의 배제를 정당화하는 뿌리 깊은 문화적 구조에 관한 내 주장이 타당하다면, 점진주의로 문제를 해결하는 데 소요되는 시간은 지나치게 길 공산이 크다. 최소한 내가 보기에는 그렇다. 우리는 권력이란 무엇인지, 그것이 무엇을 위한 것인지 그리고 권력은 어떻게 측정되는지 좀더 숙고해야 한다. 다른 식으로 표현해보자. 만일 여성들이 권력 내부에 온전히 자리 잡고 있다 여겨지지 않는다면 재정의해야 할 것은 여성이 아니라 오히려 권력이지 않을까?

지금껏 힘이나 권력 문제를 고찰하면서 나는 이런 종류의 논의들이 으레 따르는 경로를 밟아왔다. 국내 정치 및 국제정치 그리고 정치가들에게 초점을 맞추는 경로다. 물론 여기에 최고경영자, 유명 저널리스트, 텔레비전 방송국 임원 등을 보탤 수도 있다. 이들에게 집중함으로써 얻게 되는 것은 매우 협소한 범위의 권력 개념이다. 협의의 권력은 대개 공적 위신이나 명망(혹은 때로는 공적인 악명)과 연관된다. 공적 위신이나 명망으로서의 권력 개념은 전통적인 의미에서 '고급 판' 개념으로서, '유리천장' 이미지와 밀접한 관련이 있다. 유리천장의 이미지는 여성을 권력 외부에 위치 짓는 효과를 낼 뿐 아니라 권력 내부로 들어간 선구자 격 여성을 이미 성공한 슈퍼우먼으로 상정한다. 권력 내부로 들어간 여성들에게 슈퍼우먼의 이미지를 덧씌운다 해도 여성을 최정상에 올라가지 못하도록 배제하는 남성 편견의 마지막 흔적은 사라지지 않는다. 나는 이러한 유리천장과 슈퍼우먼 이미지를 기반으로 한 여성의 권력 모델은 대부분의 여성에게 별 의미가 없다고 생각한다. 대부분의 여성은 미국 대통령이나 기업의 대표가 되겠다는 목표는 없어도 당연히 자신에게 권력의 지분이 있어야 한다고 생각한다. 확실한 것은, 여성들이 원하는 권력이라는 쟁점이 2016년 미국 선거에서 충분한 수의 유권자들에게 호소력을 발휘하지 못했다는 것이다.

설사 국내 정치의 상층부로 시야를 좁힌다 해도, 그곳에서 여성들이 거둔 성공을 어떻게 평가해야 하는가라는 질문 또한 답을 내놓기 쉽지 않다. 국가 의회 내의 여성 비율을 보여주는 성적표는 많다. 최고의 성적을 자랑하는 국가는 여성 의원이 무려 60퍼센트를 차지하는 르완다이다. 반면 여성 의원이 약 30퍼센트 정도인 영국은 거의 50위다. 놀랍게도 사우디아라비아 의회의 여성 비율은 미국 의회보다 높다. 수치를 보노라면 어떤 수치는 한탄스럽고 또 다른 수치에는 박수갈채를 보내지 않을 수 없을 정도다. 특히 내전 이후 르완다 내에서 여성들의 역할이 진일보한 것에 대해서는 당연히 많은 갈채를 보내고 있다. 하지만 사실 나는 약간 의구심이 든다. 일부 국가에서 의회 내 여성 의원의 숫자가 많다는 사실은 혹시 의회가 실질적 권력이 존재하지 않는

곳이라는 뜻을 내포하는 것은 아닐까?

내 의구심의 또 하나는 우리가 의회 내 여성 의원이 다수가 되기를 원하면서도 그 목적이 무엇인지에 관해서는 자신에게 솔직하지 못한 게 아닌가 하는 점이다. 수많은 연구는 여성의 권익(가령 육아와 동일임금과 가정폭력)과 관련된 법률의 발전을 위해 여성 정치인들이 맡고 있는 역할을 주로 지적한다. 포싯 협회Fawcett Society, 영국의 여성인권 단체가 발간한 최근의 한 보고서는 웨일스 의회 내 남성 대 여성 의원의 균등한 비율(50 대 50)과, 의회에서 '여성 관련 문제'가 제기되는 횟수 간의 상관관계를 보여주는 결과를 발표했다. 나는 육아를 비롯하여 여성의 권익과 관련된 종래의 다른 쟁점을 공정하게 다루고 알리는 것에 불만을 제기하고 싶은 생각은 추호도 없다. 하지만 이런 쟁점을 '여성 관련 문제'라고 인식해야 하는지에 관해서는 자신하지 못하겠다. 소위 여성 관련 쟁점이라고 자주 다루어지는 문제들이 의회에서 여성 의원을 늘려야 하는 주된 근거인지에 관해서도 역시 확신이 없다. 내 생각에 우리가 의회 내 여성 의원의 숫자가 증가하기를 바라는 이유는 이런 문제들보다 훨씬 더 근원적이다. 어떤 무의식적 수단을 통해서건 여성을 권력의 장에서 지속적으로 배제시키는 것은 터무니없이 부당하고 불공정하다는 것, 그리고 기술이건 경제건 사회복지건 여성의 전문성 없이는 일이 제대로 이루어지지 않는다는 것이 힘을 행사하는 여성의 숫자가 늘어야 할 근본적 이유라는 뜻이다. 이러한 이유로 인해 여성의 의회 진출이 늘어나 의회로 들어가는 남성의 숫자가 전보다 줄어든다고 해도—응당 그래야만 한다. 사회 변화에는 언제나 승자와 패자가 있는 법이니까—나는 기쁘게 그 소수 남성 의원들의 눈을 똑바로 쳐다볼 것이다.

그렇다 해도 여기서 멈춘다면 권력은 여전히 뭔가 엘리트적인 것, 공적 위신, 소위 '리더십'이라는 개별 카리스마나 명성에 관한 것으로 그치고 만다. 이 또한 권력을 소수—대개는 남성—의 사람만이 소유하거나 휘두를 수 있는 대상으로 협소하게 다루는 것이다(검을 휘두르는 페르세우스나 트럼프의 이미지야말로 권력의 협소한 정의를 압축하는 상징이다). 권력을 그런 측면에서 보게 되면 여성 개인은 아닐지라도 특정 젠더로서의 여성 전체는 정의상 권력으로부터 배제된다. 이미 남성 위주의 관례로 촘촘히 짜여 있는 구조 속으로 여성들을 짜맞추어넣는 일은 쉽지 않다. 바꿔야 하는 것은 구조 자체다. 구조 자체를 바꾼다는 것은 권력을 다르게 사유하는 것이며, 권력을 다르게 사유하는 것은 권력을 공적 명망에서 떼어놓는 것을 뜻한다. 이는 리더뿐 아니라 리더 뒤에 있는 사람들의 힘을 협력적으로 사유함을 의미한다. 권력을 소유물이 아니라 하나의 속성, 심지어 동사('권력하다')로까지 사유하는 것이 권력에 대한 새로운 사유다. 내가 염두에 두고 있는 것은 효력을 발생시킬 수 있는 능력, 세상에 변화를 만들어낼 수 있는 역량, 그리고 개인으로서뿐 아니라 집단으로 진지하게 받아들여질 권리다. 많은 여성이 갖고 있지 못하다고 느끼는 것, 그렇기에 절실히 필요하다고 여기는 것은 바로 이런 의미의 권력이다. '맨스플레인'이라는 용어가 (많은 남성이 이 용어에 강렬한 반감을 갖는데도 불구하고) 대중에게 그토록 큰 반향을 일으키는 이유는 무엇일까? 이 말이 여성들의 심금을 크게 울리는 이유는, 그것이 진지하게 받아들여지지 않는다는 것—이것은 내가 트위터상에서 로마사 강의를 들을 때 느끼는 감정과 매우 유사하다—이 어떤 느낌인지를 정확하게 건드리기 때문이다.

권력과 그것이 할 수 있는 바를 정의하고

여성들이 권력에 관여하게 되는 문제를 생각한다면 변화 가능성을 낙관할 수 있을까? 분명 어느 정도의 긍정적 전망은 필요하다. 대표적인 사례는 지난 몇 년간 일어난 정치 운동 중 가장 영향력 있는 것 가운데 하나인 '블랙라이브스매터Black Lives Matter, '흑인의 목숨도 소중하다'는 뜻으로, 2012년 미국에서 흑인 소년을 죽인 백인 방범요원이 이듬해 무죄 평결을 받고 풀려나면서 시작된 흑인 민권 운동'다. 나는 이 운동이 단 세 명의 여성에 의해 시작되었다는 데 형언할 수 없이 큰 감명을 받았다. 아마 이 세 여성의 이름 중 하나라도 알아보는 사람은 우리 중 거의 없을 것이다. 그러나 이들은 협력을 통해 이제까지와는 다른 방식으로 효과적인 운동을 이끌어갈 힘을 행사했다.

낙관은 필요하다. 하지만 대체적인 전망은 다소 암울하다. 우리는 여성들을 권력에서 배제하는 데 복무하는 토대가 되는 이야기를 전복시킴으로써 대처의 핸드백처럼 그 이야기를 여성들에게 유리한 쪽으로 바꿔내는 단계에 이르지 못했다. 나만 해도 「리시스트라타」가 여성의 권력과 힘을 다루는 것처럼 상연되는 오늘날의 행태를 전문가랍시고 비판만 해왔을 뿐이다. 오히려 오늘날이야말로 그런 방식의 공연이 필요한 시대일 수도 있을 텐데 말이다. 메두사

26. 변화를 일구는 사람들이 유명인의 명망을 누려야 할 필요는 전혀 없다. '블랙라이브스매터' 운동을 시작한 알리샤 가자, 패트리스 컬로스, 오펄 토메티. 이 세 여성은 무명에 가까운 인물들이다.

27. 『허랜드』의 속편 『그녀와 함께 아워랜드에서』의 최신판 표지는 『허랜드』의 여성들을 길들여 남성 권력의 세계로 편입시키는 과정이 어떻게 이루어지는지 시사한다.

이야기도 예외가 아니다. 지난 50여 년 동안 저명한 페미니스트들은 메두사를 여성의 힘을 나타내는 상징으로 복권시키려는 시도를 해왔지만(『메두사와 함께 웃기Laughing with Medusa』라는 최근의 평론집 제목을 보라)—메두사를 베르사체 상표의 로고로 사용하는 것은 두말할 필요도 없다—이러한 시도는 여성 정치가들을 공격할 때 메두사를 이용하는 방식 자체에 그 어떤 변화도 만들어내지 못했다.

남성 중심의 전통적 담론의 힘을 숙명론적으로나마 꽤 탁월하게 포착해낸 작가는 퍼킨스 길먼이다. 『허랜드』의 속편 격 소설인 『그녀와 함께 아워랜드에서』가 그 사례다. 이 소설에서 반다이크는 아워랜드로 돌아가는 테리를 호위하기로 한다. 반다이크는 아내가 된 허랜드의 여인 엘라도어도 아워랜드로 데려갈 참이다. 실제로 소설 속 아워랜드는 그다지 화려한 과시 대상이 되지 못한다. 엘라도어가 그곳으로 들어가는 시점이 제1차 세계대전이 한창 벌어지던 때이기 때문이다. 게다가 머지않아 이 부부는 테리를 내팽개친 다음 허랜드로 다시 돌아가기로 결정한다. 그즈음 두 사람은 태어날 아기를 기다리고 있다. 이미 간파했겠지만 이 중편소설의 마지막 문장은 다음과 같다. '머지않아 우리는 아들을 낳았다.' 퍼킨스 길먼은 더 이상의 속편이 필요하지 않다는 점을 잘 알고 있었을 것이다. 서구 전통의 논리를 아는 독자라면 그로부터 50년 후 허랜드를 책임지게 될 인물이 누가 될지는 어렵지 않게 예측할 수 있을 테니까. 정답은? 바로 그 남자아이이다.

후기

강연을 영구히 남을 책으로 정리하는 작업은 어렵다. 어느 정도 거리를 둬야 할까? 강연에서 했던 주장을 재고하고 다듬는 작업은 어느 선까지 필요할까? 강연이 이루어지던 생생한 현장의 분위기와 다듬어지지 않은 논의들은 어느 정도까지 유지해야 하는 것일까? 다행인지 아닌지는 확신할 수 없지만 강연 내용을 크게 바꿀 필요는 없었다. 이 책의 1장에 해당되는 강연을 했던 2014년 당시 버락 오바마는 재선에 성공하여 여전히 미국 대통령직을 수행하고 있었고, 두 번째 강연을 했던 2017년 3월 테리사 메이 수상의 집권 실적은 희망찼던 과거와는 다른 양상으로 변한 듯했다(메이는 '실패하기 위해'

권력으로 던져졌다는 나의 여담 격 예상은 내 상상 이상으로 현실화되고 말았다). 글에 급격한 변화를 시도하거나 새로운 주제를 도입하거나 혹은 여기 띄워놓은 생각 중 일부를 상술하려는 유혹이 없지 않았지만 나는 그 유혹에 맞섰다. 극소수를 제외한 대부분의 여성을 배제하는 '권력'과 관련된 통념을 재배치하는 작업을 어떻게 시작할까 고민하는 일이 앞으로 내가 매진하고 싶은 분야다. 또 한 가지 천착하고 싶은 주제는 학교와 대학, 기업과 정부 등 성공적 기관의 요체라 간주되는 '리더십'(대개 남성의 리더십이다)이라는 개념 자체를 해체하는 일이다. 그 작업들은 다음으로 남겨둔다.

내가 지금껏 논의했던 여성 비하에 관한 비교적 최근의 사례들은 온라인상에서 훨씬 더 많이 그리고 쉽게 찾아볼 수 있다. 인터넷 트롤은 딱히 상상력이 풍부하거나 미묘한 차이를 드러내지 못한다. 트위터상의 폭풍 같은 비하와 욕설은 다른 모든 혐오 발언과 대동소이한 경향을 보인다. 하지만 그럼에도 새로운 관점이 가끔씩 등장하며, 최소한 비교해볼 만한 흥미로운 사례들이 없지는 않다. 나는 2017년 여름 영국의 총선 당시와 그 직후에 이루어진 두 건의 처참한 라디오 인터뷰를 보고 큰 충격을 받았다. 이 인터뷰의 주인공은 노동당 의원인 다이앤 애벗과 보수 정당인 토리당의 보리스 존슨이었다. 애벗은 경찰력 충원을 다루는 자신의 노동당 정책 관련 비용을 틀리게 말하는 바람에 그야말로 너덜너덜해질 정도로 공세에 시달렸다. 애벗이 잘못 말한 수치 중 하나 때문에 새로 충원된 경관이 일 년에 벌어들이는 수입은 약 8파운드가량이 될 뻔했다. 끔찍한 실수이긴 했다. 실수하기로는 토리당의 존슨 역시 마찬가지였다. 그 또한 (새로 들어선 메이) 내각이 내걸었던 중요한 공약 중 일부에 관해 애벗 못지않게 황당하고 얼토당토않은 무지를 드러냈다. 그는 형사법 제도 내의 인종차별이나 대학 교육 접근법에 대한 자기 당의 정책을 전혀 모르고 있는 듯 보였다. 이 정책은 메이 정권이 핵심 공약으로 내세웠던 만큼 신문의 표제가 될 정도로 유명했기 때문에 존슨의 실수는 그냥 넘어갈 가벼운 사안이 아니었다. 내가 충격을 받은 이유는 이렇게 '딱할 정도의 멍청한' 인터뷰를 초래한 원인 때문이 아니다(확실히 애벗은 당시 몸 상태가 좋지 않았다). 정작 나를 경악하게 만든 것은 이 얼간이 같은 두 인터뷰를 대하는 온라인 및 다른 논의 공간의 반응이 극명하게 엇갈렸다는 사실이다.

애벗의 인터뷰 직후, 온라인과 다른 토론장은 애벗을 표적으로 삼는 '공인된 사냥 시즌'을 맞이했다. 애벗은 '아둔한 인간' '뚱보 얼간이' '무뇌아 바보'라는 말로 조롱당했다. 그보다 더 심한 폭언도 무수히 등장했다. 욕설 사이사이 인종차별과 관련된 폭언까지 가미된 것은 말할 것도 없다(애벗은 영국의 최장기 흑인 여성 국회의원이다). 이러한 폭언들을 그나마 점잖은 언어로 정리해보자면, 애벗은 '자기 직무를 감당하지 못했다'는 것이었다. 존슨 또한 수많은 비판을 받았다. 하지만 방식은 애벗에 대한 비판과 딴판이었다. 존슨의 인터뷰는 사내다운 고집과 완고함의 사례로 간주되었다. 존슨은 사안을 더 확실히 파악해야 하고 허세와 엄포를 중단해야 하며 집중력을 발휘함으로써 자신의 직무를 더욱 잘 파악해야 한다는 논리가 그에 대한 비판의 요지였다. 요컨대 존슨은 다음번에는 더 잘하라는 훈계 정도를 들은 것이다. 반면 애벗을 공격했던 이들의 목표는 이 여자에게 '다음번'이란 없도록 조치하는 것이었다(물론 나중에 밝혀진 대로 애벗은 큰 표 차로 재선에 성공했고 이로써 그녀의 재선을 좌절시키려던 이들의 목표는 무너지고 말았다).

애벗과 존슨을 바라보는 관점 자체는 내 논의의

주안점이 아니다. 흥미롭게도 두 의원의 인터뷰를 통해 극명하게 드러난 것은 전혀 다른 종류의 이중 잣대가 적용되고 있다는 사실이었다. 문제는 여성들이 성공하기 더 어렵다는 데 국한되지 않는다. 여성은 단 한 번 자그마한 실수를 저지르거나 일을 망칠 경우 남성보다 훨씬 더 가혹한 후폭풍을 감내해야 한다. 이메일 문건 때문에 힐러리 클린턴이 받았던 그 많은 공격을 떠올려보라 2016년 미국 대통령 선거에서 공화당 트럼프 후보가 민주당 클린턴을 상대로 제기하여 큰 쟁점이 된 사건. 클린턴이 국무장관으로 재직하던 시절 국가 기밀이 포함된 공무용 메일을 개인용 이메일 계정을 통해 열람했다는 것이 쟁점의 내용이다. 책을 새롭게 다시 쓸 기회가 있다면 나는 여성들이 틀릴 권리, 최소한 이따금씩이라도 틀릴 권리를 옹호하는 데 더 많은 지면을 할애할 것이다.

위에서 언급했던 사례들과 비슷한 예를 고전에서 찾을 수 있을지에 대해선 확신이 없다. 다행스럽게도 우리가 하는 모든 행동의 연원이 직간접적으로 그리스인이나 로마인에게 있는 것은 아니다. 나는 고대사 속에 우리가 쉽게 참고할 수 있는 간단명료한 교훈이란 없다는 주장을 되풀이하는 자신을 발견한다. 아프가니스탄과 이라크에 대한 서구의 군사적 개입이 옳지 못한 생각이라는 것을 알기 위해 굳이 그 지역에서 고대 로마 제국이 저질렀던 불행한 선례들을 알아야 할 필요는 없다. 서구에서 일어났던 로마 제국의 '몰락'이 현대 지정학의 흥망성쇠에 관해 우리에게 말해줄 교훈은 거의 없다. 그렇다 하더라도 그리스와 로마를 면밀히 들여다보는 과정을 통해 현재의 우리 자신을 더 주의 깊게 살펴보고 어떻게 해서 우리가 현재의 관념을 형성하도록 학습했는지 더 잘 이해할 수 있도록 도움을 받을 수는 있을 것이다.

호메로스의 『오디세이』에 주의를 기울여야 할 이유는 여전히 많다. 서구 내 여성혐오 사례의 마르지 않는 원천으로만 이 작품을 보는 것은 문화적 범죄다. 『오디세이』는 문명과 '야만', 귀향과 신의와 소속의 본질을 탐구하는 장대한 서사시다. 그럼에도 불구하고 내가 이 책을 통해 알리고 싶은 것은 『오디세이』의 텔레마코스가 어머니 페넬로페의 공적 발언을 질책하고 금지시켰던 처사는 우리가 살고 있는 21세기에도 숱하게 재연되고 있다는 사실이다.

2017년 9월

참고한 책과 더 읽어볼 책

이 책에 언급한 고전 자료는 모두 번역본이 출간되어 있으며 온라인상에서도 구해볼 수 있다. 자료는 로엡 고전 라이브러리Loeb Classical Library(하버드 대학 출판부)와 페르세우스 디지털 라이브러리Perseus Digital Library(http://www.perseus.tufts.edu/hopper/)에서 찾아볼 수 있다. '펭귄 클래식'에서 출간된 최신 번역본도 유용하다.

여성의 공적 발언

텔레마코스가 어머니 페넬로페의 입을 다물게 함으로써 바보로 만드는 사건은 호메로스의 『오디세우스』 제1권 325–364행에 등장한다.

아리스토파네스의 '우스운' 판타지 희극의 제목은 『의회의 여자들Ecclesiazousai』이다. 이오의 이야기는 오비드의 『변신』 제1권 587-641행, 에코의 이야기는 제3권 339-508행에 나온다. 발레리우스 막시무스는 여성의 공적 발언을 논했던 1세기 로마의 선집 편찬자다(『기념할 만한 행적과 금언Memorable Deeds and Sayings』의 8권 3행 참조). 루크레티아의 발언을 다룬 가장 유명한 버전은 티투스 리비Titus Livy의 『로마사History of Rome』 제1권 58행에 나오는 것이다. 필로멜라의 이야기는 오비디우스의 『변신』 제6권 438-619행에 등장한다. 2세기의 권위 있는 저자는 플루타르코스다. 그는 『신랑 신부에게 건네는 조언Advice to Bride and Groom』 31편(『모랄리아Moralia』 142d)에서 여성의 목소리를 언급한다. 옛 로마의 슬로건인 '위르 보누스 디켄디 페리투스vir bonus dicendi peritus'(발언에 능한 훌륭한 인간)에 관해서는 퀸틸리아누스의 『웅변술 안내서Handbook on Oratory』 제12권 1편을 보라. 아리스토텔레스는 『동물의 발생Generation of Animals』 제5권 7편(786b-788b)과 『인상학Physiognomics』 2권(806b)에서 목소리의 높낮이가 지니는 함의를 논했다. 남성이 여성처럼 말하는 공동체의 고난은 그리스의 연설가 디오

크리소스톰의 『연설Speech』 33, 38에서 논의되었다. 고대 세계의 성별화된 발언과 침묵에 대한 논의를 더 보려면 A. P. 라르디누아M. H. Lardinois와 매클루어Laura McClure가 편찬한 『침묵이 말하게 하다: 그리스 문학과 사회 내 여성의 목소리Making Silence Speak: Women's Voices in Greek Literature and Socity』(Princeton, NJ, 2001)와 글리슨Maud W. Gleason의 『남성 만들기: 고대 로마의 소피스트들과 자기표현Making Men: Sophists and Self-Presentation in Ancient Rome』(Princeton, NJ. 1995)을 보라.

엘리자베스 1세의 틸버리 연설의 진위 여부는 큰 논란거리다. 수전 프라이Susan Frye가 『16세기 저널Sixteenth-Century Journal』 23호(1992) 95–114쪽에 게재한 「틸버리의 엘리자베스 여왕 관련 신화」라는 논문은 여왕의 연설이 허구라는 생각을 탁월하게 입증하고 있다(논문에는 표준 텍스트도 포함되어 있다. http://www.bl.uk/learning/timeline/item102878.html에서도 찾아볼 수 있다). 소저너 트루스의 생애는 넬 어빈 페인터Nell Irvin Painter의 『소저너 트루스: 상징으로서의 생애Sojouner Truth: a Life, a Symbol』(New York, 1997)에 논의되어 있다. 트루스가 행했던 연설의 다양한 버전은 온라인상에서 구해볼 수 있다.

http://wonderwombman.com/sojourner-truth-the-different-verions-of-aint-i-a-woman/을 보라. 헨리 제임스의 '미국 여성의 발언'에 관한 소론은 피에르 A. 워커Pierre A. Walker가 편찬한 『헨리 제임스 문화를 말하다: 정치와 미국 사회에 대한 소론 선집Henry James on Culture: Collected Essays on Politics and the American Social Scene』(Lincoln and London, 1999) 58-81쪽에 있다. 다른 인용 부분에 대해서는 리처드 그랜트 화이트Richard Grant White의 『일상 영어Everyday English』(Boston, 1881) 93쪽, 윌리엄 딘 하우얼스William Dean Howells의 '우리의 일상적 발언Our Daily Speech' 『하퍼스 바자Harper's Bazzzr』(1906, 930-934), 캐럴린 필드 레밴더Caroline Field Levander의 『국민의 목소리: 19세기 미국 문학과 문화 속 여성과 공적 발언Voices of the Nation: Women and Public Speech in Nineteenth-Century American Literature and Culture』(Cambridge, 1998)을 보라.

온라인 희롱의 수위를 정확히 추정하기가 어렵다는 사실은 악명이 높다. 게다가 실제 사건과 보도된 사건 간의 관계라는 영원한 난제도 존재한다. 그러나 풍부한 참고문헌을 포함한 최근의 유용한 리뷰는 루스 루이스Ruth Lewis와 그 외 저자들이 쓴 '여성을 향한 폭력 형식의 부상, 온라인상의 페미니스트 모욕Online abuse of feminists as an emerging form of violence against women and girls'이다. 2016년 9월 온라인상에서 발간된 『영국 범죄학 저널British Journal of Criminology』에 실려 있다. http://academic.oup.com/bjc/article-lookup/doi/10.1093/bjc/azwo73을 보라.

풀비아가 키케로의 머리를 훼손하는 사건은 카시우스 디오의 『로마사Roman History』 제47권, 8장 4행에 기술되어 있다.

권좌의 여성

클리템네스트라가 남녀추니라는 주장은 아이스킬로스의 『아가멤논』 제11권에 명시되어 있다. 에이드리언 메이어Adrienne Mayor의 『아마존인: 고대 세계 전사 여성의 삶과 전설The Amazons: Lives and Legends of Warrior Women across the Ancient World』(Princeton NJ, 2014)은 아마존 여성들을 주제로 면밀한 논증을 거친 대안적 견해를 제시한다(하지만 나는 이 책이 설득력 있다고 생각하지는 않는다). 그리어가 번역한 『리시스트라타』 버전은 그리어G. Greer와 윌멋P. Wilmott의 『리시스트라타: 잠자리 파업Lysistrata: the Sex-Strike』

(London, 1972)이다. 데이비드 스터타드David Stuttard가 편찬한 『리시스트라타 보기: 8편의 소론과 아리스토파네스의 도발적 희극 신판Looking at Lysistrata: Eight Essays and a New Version of Aristophanes' Provocative Comedy』(London, 2010)은 이 연극의 쟁점들을 다루는 탁월한 소개서다. 메두사 이야기를 다루는 정평 있는 고대 버전은 오비디우스의 『변신』, 제4권 753-803행이다. 메두사의 이야기를 복권시키려는 주도적 시도로는 다음과 같은 문헌이 있다. 엘렌 식수H. Cixous, '메두사의 웃음The Laugh of the Medusa', 『기호Signs』 1(1976), 875-893쪽, 그리고 반도 재즈코Vando Zajko와 미리엄 레너드Miriam Leonard가 편찬한 『메두사와 함께 웃기Laughing with Medusa』(Oxford, 2006). 유용한 논문집으로는 마저리 가버Marjorie Garber와 낸시 J. 비커스Nancy J. Vickers가 엮은 『메두사 해설Medusa Reader』(New York and Abingdon, 2003)이 있다. 웨일스 의회의 포싯 협회에 대한 견해를 다룬 개요는 아래의 온라인 사이트에서 볼 수 있다. https://humanrights.brightblue.org.uk/fawcett-society-written-evidence/(여성 의원들이 논쟁 당시 육아 문제를 제기한 비율은 62퍼센트, 가정폭력

문제를 제기한 비율은 74퍼센트, 동일임금 문제를 제기한 비율은 65퍼센트였다).

감사의 말

먼저 메리 케이 윌머스에게 감사드린다. 윌머스는 이 책의 기초가 되었던 강연의 주제를 처음 구상하고, 2014년과 2017년 영국박물관에서 열린 『런던 리뷰 오브 북스』 강연 시리즈를 위해 내게 강연을 의뢰해준 이 잡지의 편집장이다. 윌머스와 『런던 리뷰 오브 북스』의 다른 스태프, 그리고 내 강연을 텔레비전과 라디오로 방영해주신 BBC 방송국 측에도 감사드린다(분명히 짚고 넘어가자면, 그 첫 텔레비전 강연은 내가 출연했던 텔레비전 방송 중 고故 길A. Gill이 좋아했던 유일한 강연이었다.)길은 『선데이 타임스』에 텔레비전 비평 칼럼을 쓰면서 출연자들에 대한 경멸 언사를 퍼붓기로 유명한 저널리스트로서, 텔레비전에 출연한 메리 비어드의 외모가 '재난' 수준으로 텔레비전에 어울리지 않는다는 평가를 내린 바 있다. 당시 메리 비어드는 『데일리 메일』 지에 길이 여성을 외모로밖에 평가할 줄 모르는 끔찍한 인물이라고 반격했다. 이 책이 출간되기까지 다른 많은 분도 도움을 주셨다. 늘 그랬듯 피터 스토타드영국의 신문 및 잡지 편집자, 고전학자, 저술가는 고전과 현대 정치에 대한 전문적 식견을 넉넉히 나누어주었다. 캐터리나 투로니는 책 발간 마지막 단계에서 큰 도움을 주었을 뿐 아니라 마지막 단어까지 꼼꼼히 챙겨주었다. 당시 우리 두 사람은 이전까지와는 전혀 다른 프로젝트와 씨름하고 있었다. 내 가족 로빈과 조와 라파엘 코맥에게도 고마움을 전한다. 이들은 수 주일 내내 강연의 여러 시험 버전에 참을성 있게 귀 기울여주었다. 데비 휘태커는 꼭 필요한 도움을 주었고, 페니 대니얼, 앤드루 프랭클린 그리고 발렌티나 장카를 비롯한 프로파일 북스의 모든 분은 언제나처럼 너그러움과 인내와 효율성으로 일을 처리해주셨다. 1980년대 초, 클로이 차드와 함께 여성들이 대학 세미나에서 자기 생각을 명료히 표명하는 일이 왜 그토록 드문지를 주제로 논문을 쓰던 일이 생각난다. 우리는 논문을 여러 곳에 보냈지만 아무도 출간하고 싶어하지 않았다. 여기 담긴 주장들 중 일부는 당시 클로이와 나눴던 대화에 크게 빚지고 있다.

뭐니 뭐니 해도 가장 감사드려야 할 분은 한때 뉴넘 칼리지에서 그리스 및 로마 고전을 연구하던 동료이자, 지금은 샌타배버라의 캘리포니아 대학교에서 교수로 재직 중인 헬렌 모레일스다. 우리는 대서양 너머로 장거리 통화를 해가며 고전과 여러 다른 맥락에서 여성들의 힘과 목소리에 관한 쟁점을 놓고 끊임없이 대화를 나누었다. 어떻게서든 끝장을 볼 작정이었던 것 같다. 무엇보다 모레일스는 나를 메두사 이미지 쪽으로 이끌어준 사람이다. 이 책을 모레일스에게 바친다.

삽화 목록

1. 기원전 5세기의 적화도기기원전 6세기 말 및 5세기에 그리스에서 발달한 항아리의 장식 수법. 도상圖像 부분을 적갈색으로 남겨두고, 배경을 흑색으로 칠한다. 세부는 모필로 그린다. 도상과 배경의 공간 때문에 입체적인 이미지가 생겨난다. 오디세우스가 전장에 나가 없는 동안 이타카에 남은 아내 페넬로페와 아들 텔레마코스를 묘사한 그림. 이탈리아 중부 키우시의 국립박물관. 사진 출처: Dea Picture Library/De Agostini/Getty Images.
2. 「그거 참 탁월한 제안이군요, 트릭스 양」 성차별이 만연한 기업 내 회의실을 보여주는 풍자만화. 리아나 던컨 그림. 『펀치』 8호 1988년 9월. 사진 출처: 『펀치』
3. 「유피테르가 암소로 변한 이오를 유노에게 건네다Io, transformed into a cow, is handed to Juno by Jupiter」. 데이비드 테니에르스 그림. 1638년. 오스트리아 빈 미술사 박물관. 사진 출처: Wikimedia
4. 「에코와 나르키소스Echo and Narcissus」. 존 윌리엄 워터하우스

그림. 1903년. 리버풀 워커 미술관. 사진 출처: Superstock/Getty Images.

5. 섹스투스 타르퀴니우스의 「루크레티아 강간과 루크레티아의 자살' 삽화가 들어 있는 사인북album amicorum, '친구들의 앨범'이라는 뜻. 근대 사인북의 전신. 16세기부터 외국에 유학온 학생들과 학자들에 의해 대중화되었다에 들어 있던 큰 세밀화. 1550년. 사진 출처: 소더비즈.
6. 파블로 피카소의 「테레우스와 처제인 필로멜라 간의 사투Struggle between Tereus and his sister-in-law Philomela」. 1930년. 출처 『오비디우스의 변신』. 사진 출처: Penn Provenance Project/Wikimedia.
7. 호르텐시아가 3인의 집정관 앞에서 자신의 입장을 변호하는 장면을 그린 목판화 삽화. 조반니 보카치오의 『유명한 여자들De mulieribus claris』. 1474년. 사진 출처:Penn Provenance Project/Wikimedia.
8. 엘리자베스 1세(1533~1605)가 틸버리에서 말을 타고 군대를 시찰하는 모습. 1560년. 사진 출처: Hulton Archive/Getty Images.
9. 소저너 트루스, 1879년. 랜덜 스튜디오. 사진 출처: Alpha historica/Alamy
10. 재키 오틀리가 명예 학위를 받는 모습. 2016년. 사진 출처: 『익스프레스 앤드 스타』, 울버햄프턴.
11. 에드워드 번 존스. 「필로메네Philomene」. 인도지紙를 사용한 목판화. 켈름스코트 출판사의 초서 작품집을 위해 디자인된 삽화 교정쇄, 1896년. 사진 출처: British Museum Online

Collection/Wikimedia.

12. 「키케로의 머리를 바라보는 풀비아Fulvia With the Head of Cicero」. 파벨 스베돔스키의 유화. 1880년. 러시아 서부의 페레슬라블잘레스키 역사미술 박물관 소재. 사진 출처: 위키미디어 공용.
13. 샬럿 퍼킨스 길먼의 『허랜드』 표지. 원래 1915년 (월간지) 『선구자The Forerunner』를 통해 발표되었고 1979년 4월 판테온북스 라는 출판사가 미국에서 단행본 형태로 출간했다.
14. 독일 수상 앙겔라 메르켈과 미국의 전 국무장관 힐러리 클린턴이 2009년 9월 독일 베를린의 수상관저에서 만나는 모습. 사진 출처: Action Press/REX/Shutterstock.
15. 프레더릭 레이턴의 「아르고스 요새의 클리템네스트라, 아가멤논의 귀환을 알릴 봉화를 기다리다」. 1874년(유화). 사진 출처: 영국 런던의 켄싱턴 앤드 첼시Kensington & Chelsea 레이턴하우스 박물관의 브리지먼 이미지.
16. 테라코타. 붉은 그림식의 흰 바탕의 고대 그리스 꽃병. 그리스인들과 아마존인들의 전투를 그리고 있다. 기원전 420년. 사진 출처: 로저스 펀드, 1931년/뉴욕 메트로폴리탄 미술관.
17. 흑화 도기류인 암포라. 기원전 6세기. 아킬레스가 펜테실레이아를 죽이는 모습을 묘사하고 있다. 사진 출처: 영국박물관.
18. 연극 「리시스트라타」 무대 제작용 포스터. 포스터를 디자인한 케이티 메츠의 허락을 받아 게재.
19. 연극 「리시스트라타」의 한 장면. 캘리포니아 롱비치 극장, 2016년. 사진출처: 마이클 하디.

20. 판테온 신전의 아테나 석상의 로마 소형 복제 모형. 아테네 국립고고학박물관, 사진 출처: Akg-images.
21. 아테나 여신의 탄생을 그린 손잡이 두 개짜리 항아리. 기원전 540년. 사진 출처: 헨리 릴리 피어스 펀드/보스턴 미술관/브리지먼 이미지.
22. 벤베누토 첼리니의 청동상. 「메두사의 머리를 쳐든 페르세우스」. 1545-1554년. 이탈리아 피렌체 시뇨리아 광장의 로지아 회랑. 사진 출처: Akg-images.
23. (위) 미켈란젤로 메리시 다 카라바조 「메두사」. 1597년. 이탈리아 피렌체 우피치 미술관 소장. 사진 출처: 위키미디어. (중간) 메두사로 묘사된 앙겔라 메르켈. (아래) 메두사로 묘사된 힐러리 클린턴. 두 사진 모두 인터넷 밈이다.
24. 첼리니 「메두사의 머리를 쳐든 페르세우스」에 도널드 트럼프와 힐러리 클린턴을 합성한 사진. 사진 출처: 인터넷 밈.
25. 만화가 제럴드 스카프의 '핸드배깅Handbagging'. 마거릿 대처가 의원인 케네스 베이커를 핸드백으로 내려치는 모습을 보여준다. 작가의 허락을 얻어 게재.
26. '블랙 라이브스 매터'의 창설자인 알리시아 가자, 패트리스 컬로스 그리고 오팔 토메티가 캘리포니아 로스앤젤레스에서 열린 2016년 글래머 매거진 올해의 여성상 시상식에 참가한 모습. 프레더릭 M. 브라운의 사진. 사진 출처: Getty Images
27. 샬럿 퍼킨스 길먼의 『허랜드』 속편 『그녀와 함께 아워랜드에서』 표지. 원래 1916년 (월간지) 『선구자』에 장별로 연재되었다. 1997년 미국의 그린우드 북스에 의해 재출간되었다.

이 책에 게재한 삽화의 판권 소유자들과 모두 접촉하기 위해 각고의 노력을 기울였으나 출처를 제대로 찾을 수 없었던 것들도 있었다. 추후에라도 관련 정보를 주신다면 저자와 출판사는 깊은 감사를 표하고 이후의 개정판에서 내용을 수정할 것을 약속드린다.

옮긴이 오수원

서강대 영어영문학과를 졸업하고 같은 대학원에서 석사학위를 받았다. 현재 파주 출판도시에서 동료 번역가들과 '번역인'이라는 작업실을 꾸려 활동하고 있다. 옮긴 책으로 『진실사회』 『무조건 심플』 『넬리 블라이의 세상을 바꾼 10일』 『중국의 미래』 『악』 『준비된 우연』 『감시국가』 『포스트 캐피털리즘』 등이 있다.

여성, 전적으로 권력에 관한

초판 인쇄 2018년 12월 7일
초판 발행 2018년 12월 14일

지은이 메리 비어드
옮긴이 오수원
펴낸이 강성민
편집장 이은혜
마케팅 이숙재 정현민 김도윤 안남영
홍보 김희숙 김상만 이천희

펴낸곳 (주)글항아리 | 출판등록 2009년 1월 19일 제406-2009-000002호
주소 10881 경기도 파주시 회동길 210
전자우편 bookpot@hanmail.net
전화번호 031-955-8891(마케팅) | 031-955-1936(편집부)
팩스 031-955-2557

ISBN 978-89-6735-571-5 03300

글항아리는 (주)문학동네의 계열사입니다.

이 도서의 국립중앙도서관 출판예정도서목록(CIP)은 서지정보유통지원시스템 홈페이지(http://seoji.nl.go.kr)와 국가자료공동목록시스템 (http://www.nl.go.kr/kolisnet)에서 이용하실 수 있습니다.
(CIP제어번호 : CIP2018038652)